드레스 윤리학

똑똑한 패피들을 위한 옷 입기 가이드!

드레스
윤리학

리드레스 지음 | 캐럿 트룬스 그림 | 김지현 옮김

황소자리

Contents

똑똑한 패션을 찾아서

흔히 패션은 시대의 반영이라고 말한다. 이 말이 사실이라면, 지금이야말로 우리의 옷과 옷장이 보여주는 시대상을 바로잡는 '리드레스redress'가 필요하다. 쇼핑을 하며 우리 각자가 내리는 결정은 사회와 환경에 영향을 미친다. 의복 구매, 착용, 관리, 폐기 방식은 우리가 어떤 생각을 하면서 살아가고 있는지를 선명하게 보여준다.

오늘날의 패션은 저렴한 옷을 손쉽게 구매해 점점 더 많은 옷을 갖는 쪽으로 흘러간다. 이런 패션산업은 결국 석유산업에 버금가는 공해산업으로 손꼽힌다. 옷과 옷감을 생산하면서 천연자원을 남용하고 독성 화학물질을 방출해 물을 오염시키기 때문이다.[1] 우리가 입는 옷은 생산에서 소비까지, 즉 세탁하고 건조해서 입다가 결국 폐기하는 과정에 이르는 모든 단계에서 이산화탄소를 배출한다. 기후변화 위기에 일조하는 셈이다. 게다가 안전한 노동환경과 공정한 임금이란 차원에서도 논쟁거리다. 지금 우리가 입고 있는 옷에는 보이지 않는 실이 매달려 있다. 그 실을 따라가다 보면 원자재를 생산하는 논밭과 농부들, 공장 노동자들을 만나는 동시에 놀라운 파괴의 흔적을 발견하게 된다.

옷이 만들어지는 방식만 심각한 게 아니다. 옷을 적절하게 관리하지 못하는 것 역시 문제다. 우리는 옷을 잘 수선하고 손질해 입거나 제대로 보관하는 법을 잊었다. 대신 깨끗하게 입겠다며 세탁과 건조, 다림질로

에너지를 낭비한다. 의류 관리로 소모되는 에너지는, 식물성 섬유를
재배해서 옷을 폐기하기까지 의류상품 전체 수명주기 동안 소모되는
에너지의 75~80퍼센트에 달한다.[2]

이제 우리는 기로에 서 있다. 옷과 우리의 관계를 재평가하고
변화시키는 일을 어디서부터, 어떻게 시작할지 결정해야 한다. 많은
사람들이 패션의 부정적인 영향력에 대해 각성하고 있다. 과거에는
우리의 옷과 환경오염, 폐기물 배출 문제, 공정하지 못한 노동환경이
연결되어 있음을 보지 못했지만 지금은 아니다. 더 이상 문제를
외면하는 일이 용인되어서는 안 된다. 자원을 낭비하고 아무렇게나
만들어낸 옷으로 우리 옷장을 채우는 일에 대해 죄책감을 가져야 한다.
소비자에게는 변화를 이끌 힘이 있다. 먹을거리에서 입을거리를 선택하는
생활방식에 '지구와 환경에 대한 생각'을 포함시키는 것은 유행의 첨단을
걷는 패셔너블한 일이자 현명한 행동이기도 하다. 소비 능력에 윤리적
선택을 기꺼이 덧붙인다면 똑똑한 패션, '의식 있는 옷장conscious closet'을
만들어가는 데 필요한 도구를 제대로 장착한 셈이다.

그렇다고 지금 당장 밖으로 달려나가 윤리적이고 지속가능하다고
알려진 옷들을 새로 구매해 옷장을 채우라는 말은 아니다. 아주 작은
변화가 중요하다. 옷을 사고 관리하고 폐기하는 과정에서 아주 사소한

것부터 바꿔나가자. 작은 일이라 해도 처음에는 시간이 많이 들고 당혹스럽게 느껴질 수 있다. 다만 몇 가지 원칙과 이에 필요한 지식들을 익히고 나면, 우리의 옷장은 점점 더 스타일리시하며 지속가능하게 바뀔 것이다. 더불어 패션산업에 긍정적인 기여를 하게 된다는 점도 잊지 말자. 경제개발에 기여할 뿐 아니라 피부색이나 몸매에 상관없이 모든 사람이 평등하게 옷에 접근할 수 있도록 돕기 때문이다.

　이 책을 통해 독자들은 복잡한 패션업계의 현황을 파악하고, 의미 있는 일을 하는 브랜드나 새로운 기술을 만나게 될 것이다. 나아가 각자 옷에 대해 중요하다고 여기는 문제에 대한 사고의 폭을 확장할 수 있다. '윤리적인 패션'을 연출하는 것은 스타일리스트와 슈퍼모델의 전유물이 아니다. 실은 평범한 우리도 손쉽게 할 수 있으며, 현명한 우리가 나서야 하는 일이다. 지구와 환경, 그리고 패션을 동시에 사랑하며, 취향에 따라 옷장을 업데이트하는 건 얼마든지 가능하다. 접근방식에 조금만 더 신중을 기한다면 패션에 대한 사랑 때문에 우리가 사는 지구, 함께 사는 사람들이 비용을 치르는 일이 없어진다. 그럴 때 우리는 겉으로 드러나는 모습만큼이나 마음도 멋진 사람이 된다.

—크리스티나 딘, 한나 레인, 소피아 타르네베르크

"전 세계적인 금융시장 혼란과 실업률 상승 문제는 기후변화,
식품 불안정Food insecurity(식품의 유용성, 접근성 및 이용성이 제한되는 문제),
수질 문제와 흡사하게 값싼 석유 시대가 끝나가면서 더 악화하고 있다. 이들
문제에 대한 자성이이말로 지속가능성의 장점을
찾아내는 기회로 작용할 것이다.
—딜리스 윌리엄스Dilys Williams(런던예술대학교 지속가능디자인센터)

"모든 사람은 세상을 바꾸고 싶어 한다. 점점 더 많은 소비자들이
멋을 부리는 동시에 좋은 일을 할 수 있기를 바란다.
이제 지속가능성은 매우 중요한 일이 되었다.
더 이상 비주류나 대안에 그치지않는다."
—마르시 자로프Marci Zaroff(친환경 패션 선구자)

구 매

우리의 현실

가게에 가서 새옷과 신발을 쇼핑백에 집어넣거나 온라인 쇼핑몰 장바구니에 구매품목을 담는 순간, 나의 구매활동 이면에 무엇이 있으며 지금 산 물건의 실체가 무엇인지 곰곰이 따져본 적 있는가? 아마 없을 것이다. 걱정 마시라. 당신만 그런 건 아니니까. 정신없이 돌아가는 소비문화 속에서 우리는 누가 어떻게 만든 물건인지 관심을 갖지 않은 채 새로운 옷을 구매한다.

이렇게 우리가 무지하게 된 것은 전 세계적으로 얽힌 패션산업 공급망이 복잡하기 그지없다는 사실에 기인한다. 면 티셔츠 한 장만 봐도 그렇다. 아프리카 서부 말리에서 원자재를 가져다가 말레이시아에서 가공해 원단을 만든 다음, 인도 뭄바이에서 재단을 한다. 그리고 마감처리는 밀라노에서 이뤄진다. 그렇게 만들어진 옷이 전 세계 매장에서 소비자에게 판매된다. 의류 공급망은 그 광범위함에 버금가도록 불가사의하다. 무슨 일이 어디서, 어떻게 벌어지는지 파악하기도 그만큼 어렵다. 그리하여 결과적으로 의류 구매 행위가 사회와 환경에 미치는 파급력을 이해하는 것도 복잡하고 어려워졌다.

우리는 점점 더 많이 살 뿐만 아니라 점점 더 싸게 구매한다. 하지만 싼 게 비지떡이라는 속담은 만고의 진리다. 값싼 물건은 딱 그 가격만큼의 효용가치만 지닌다. 저비용 대량생산 방식으로 만들어진 오늘날의 옷들은 형편없는 품질 탓에 옷단이나 솔기가 금방 헤진다. 품질이 떨어지는 제품들은 아무리 많이 사도 불만족스런 결과만 낳는다. 그래서 우리는 부당한 임금과 처우를 감내하는 노동자들이 형편없는 디자인에 따라 만들어낸 옷들을 또다시 산다. 이런 식의 신중하지 못한 구매행동은 스타일과 영혼이 없는 패션을 만든다.

의류제품 수명 주기

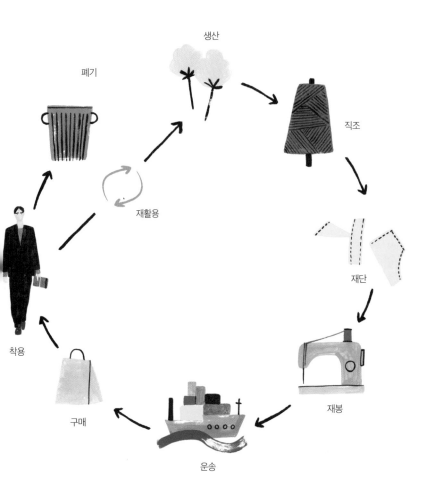

생산

폐기

직조

재활용

재단

착용

재봉

구매

운송

지금 우리가 알아야 할 것들

우리는 너무 많이 산다

날로 커지는 의류상품 수요를
충족시키기 위해 매년 1,500억 벌의
새옷이 생산되는 것으로 추정된다.[3]
일례로 영국의 경우 21세기 초반 10년
동안 의류 판매 성장률이 60퍼센트에
달해, 전 세계 천연자원에 큰 부담을
주었다.[4]

구매량은 늘지만 비용은 줄어든다

현재 전 세계 의류시장 가치는 3조
달러(약 3,250조 원)에 달한다. 의류
및 신발류에 대한 소비도 연간
600억 달러(약 65조 원)로 추산된다.
하지만 개인의 연소득 대비 관련 지출
비율은 감소하고 있다.[5] 100년 전에는
연간 지출액의 17퍼센트를 의류비가
차지했지만 지금은 3퍼센트도 안
된다.[6] 옷이 점점 싸지는 바람에
총지출 대비 의류비 비중이 낮아지는
것이다.

우리는 충동적으로 구매한다

여성들이 구매한 의류 중 약 40퍼센트는
충동구매의 산물이다.[7] 이런 식의
충동적 쇼핑 경향은 저가 의류상품과
빠른 트렌드 회전으로 인해 한층
심화된다.

우리는 불공정한 가격으로 옷을 산다

평균적으로 티셔츠 한 장을 약 14달러
(약 1만 5,000원)라고 볼 때, 그 중 5.67
달러는 소매상의 몫이고, 3.69달러는
원자재비용이다. 1.03달러가 운송비와
보험료, 0.65달러가 제조업체 이윤과
간접비, 0.18달러는 중개상의 몫이다.
여기에 브랜드 마진을 제하고 나면
노동자의 손에 쥐어지는 금액은 고작
0.12달러다.[8] 정말 이래도 괜찮은
걸까.

우리는 환경을 오염시키고 있다

옷감의 원자재인 식물성 섬유질을 재배하고 원단을 염색해 마감처리하는 데는 화학 혼합물이 필요하다. 이런 혼합물이 환경을 오염시키고 악영향을 미친다. 면화 재배에 사용되는 농약은 전 세계 농약 총사용량의 10퍼센트에 이르고, 살충제의 경우 총사용량의 22.5퍼센트를 차지한다.[10] 또 공업용수로 인한 오염의 17~20퍼센트가 원단 가공 및 염색 과정에서 발생한다.[11]

우리는 단절되어 있다

전 세계로 수출되는 의류의 67퍼센트와 옷감의 57퍼센트는 개발도상국에서 생산된다. 하지만 그곳의 노동법 및 환경 규제가 느슨해 우리가 구매하는 옷의 정확한 비용을 추정하기 어렵다.[9]

티셔츠 원가

원자재

운송비 및 보험료

제조업체 이윤

중개상

노동자 임금

제조업체 간접비

우리는 천연자원을 고갈시키고 있다

의류 생산에는 막대한 양의 천연자원이 소모된다. 일례로 청바지 한 벌을 생산하는 데 물 3,625리터, 화학약품 3킬로그램, 전기 400밀리줄, 경작지 13제곱미터의 자원이 필요하다.[12]

우리가 할 수 있는 일

환경에 미치는 영향을 고려하지 않은 채 옷을 사는 일은 이제 무개념한 행동으로 여겨진다. 정보와 실천력을 갖춘 소비자들은 적극적인 행동을 통해 세상에 긍정적인 영향력을 발휘하고 싶어 한다. 지구를 보호하고, 더불어 사는 사람들 모두를 존중하려 애쓴다. 옷을 사고 입는 행위는 나의 소비생활을 좀 더 의미 있는 것으로 바꾸는 가장 기본적인 단계다.

지구와 환경을 생각한다는 소비 개념이 어쩌면 거창한 말처럼 들릴 수 있다. 인간 복지에서 대기오염에 이르는 다양한 문제를 떠안아야 하는 건 아닐지, 덜컥 겁이 날 수도 있다. 명심하자. 작은 변화만으로 커다란 변혁을 이끌 수 있다. 우리 모두는 변화의 챔피언이 될 가능성을 지녔다. 필요한 것은 마음과 실천뿐이다! 의식 있는 의류 소비를 시작한다는 것은 지구에 대한 마음의 짐과 내 지갑을 가볍게 하는 일이기도 하다. 메시지를 공유하는 것 역시 인식 증진에 도움이 된다. 자 이제, 나의 생각과 가치관을 당당하고 스타일리시하게 연출해내는 진정한 의미의 패피Fashion People로 거듭나보자.

청바지 한 벌 생산에 들어가는 자원

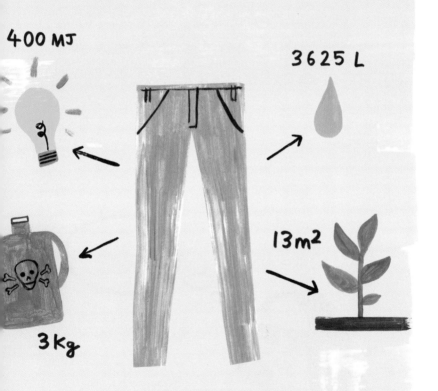

400 MJ

3625 L

13m²

3 Kg

쇼핑 전에 생각하라

우리 대다수에게 옷 쇼핑은 혼란과 무질서의 한복판에서 충동에 휘둘리는 경험이다. 먹잇감을 쫓아가는 스릴에 사로잡히거나 서둘러 대충 쇼핑하거나 거친 숨을 몰아쉬며 자포자기 심정으로 쇼핑하는 실수를 저지르기도 한다. 엉뚱한 옷에 큰돈을 쓰기도 한다. 내게 딱 어울리고 주머니 사정에도 맞는, 합리적인 옷 구입에 실패하기 일쑤다. 다만 내가 정말 무엇을 원하는지, 내 몸에 잘 맞는 옷이 무엇인지 제대로 파악하고 있다면 그런 실수는 하지 않는다. 그래야 돈과 시간을 아끼고, 나아가 우리 지구도 구할 수 있다.

2

나의 장점 찾기

나의 체형을 돋보이게 하는 디자인 형태와 피부색에 어울리는 색을 파악해두자. 입었을 때 사람들에게 좋은 반응을 얻었던 옷이 무엇인지 떠올려보고 비슷한 아이템을 구매하는 게 안전하다. 외모를 돋보이게 하고, 기분 좋게 만들어주는 옷이라면 당연히 더 자주 입게 된다.

1

잘못된 쇼핑 습관은 뭐지?

내가 가장 좋아하는 옷과 가장 자주 입는 옷들을 살펴보자. 그 외 나머지 옷들이 당신의 잘못된 쇼핑 습관을 보여줄 것이다. 세일이라는 이유만으로 충동구매한 건 아닐까? 유행하는 머스트 해브 아이템이라고 덜컥 사지는 않았는가? 옷을 직접 입어보고 구매했는지도 따져보자. 다음에 옷가게에 갈 때는 기존의 옷을 보완할 수 있는 아이템이 무엇인지를 분명히 알아두어야 한다. 그렇게 하면 산 지 얼마 되지 않아 옷장 뒤편에 처박아 두고 괴로워할 일도 없다.

"모델로 일하면서 스타일은 사이즈와 아무 상관이 없다는 사실을 깨달았다. 자신의 몸에 대해 잘 아는 게 핵심이다. 사이즈 대신 맞음새fit에 초점을 맞추고 양보다 질을 중시하면 더 나은 선택을 할 수 있다."

—케이트 딜런kate Dillon (모델)

신체를 정확하게 계측하자

신체 치수를 정확하게 파악해야 한다.
당연한 말 같지만, 허리 치수를 잴 때
팔꿈치가 닿는 부분의 둘레를 재야
한다는 걸 알지 못하는 사람이 의외로
많다. 옷 사이즈는 브랜드마다 조금씩
다르다. 따라서 신체 치수를 정확히
알면 매장에서 옷 입어보는 수고를
덜고, 온라인에서 구매할
때도 수월하다. 뿐만 아니라 소위
'핏이 좋은' 옷을 선택하는 데도 큰
도움이 된다. 몸에 잘 맞는 옷은
더 자주 입는다. 옷장에 처박아두다
버릴 가능성이 줄어드는 것이다.
특히 정확한 계측이 필요한 부분은
가슴둘레와 엉덩이둘레, 허리둘레다.

목적의식적으로 쇼핑하자

분명한 목적을 갖고 쇼핑에 임하면
충동구매의 덫에 빠지지 않는다. 쇼핑
장소로 향하기 전에 지금 가지고 있는
옷들이 무엇인지 살펴보고 필요한
아이템 목록을 작성하라. 그러면 기존
옷을 보완하는 아이템과 정말 필요한
옷에만 집중해 쇼핑할 수 있다. 구매할
아이템을 사전에 파악해두면 물건을
살펴보느라 배회하는 시간을 줄이는
반면 직접 입어보는 데 더 많은 시간을
할애할 수 있다.

데니스 호

뉴욕에서 홍콩에 이르기까지 다양한 장소에서 세련된 패션사진을 촬영하는 데니스 호Denise Ho는 현재 지속가능성을 겸비한 스타일링에 주력하고 있다. 그는 〈배니티 페어〉〈태틀러〉〈인스타일〉 등의 잡지와 더불어 모델 보니 첸(204~206쪽 참고)과 가수 캐리 닝처럼 중국에서 손꼽히는 유명인사와 협업하고 있다. 또한 전 세계를 누비며 패션과 성공적인 윤리 비즈니스에 대한 조언을 한다.

"우리는 종종 두 눈을 감은 채 옷을 산다. 트렌드에 휘둘려 몸에 맞지 않고 라이프스타일과 어울리지 않는 옷을 사기도 한다. 무엇보다 자신의 단점을 보완하는 의상이 무엇인지 파악해야 한다. 그래야 지속가능하고 스타일리시한 옷장을 갖출 수 있다."

데니스의 성공적인 쇼핑 요령

'유행의 노예'가 되지 않는다

매장을 가득 채운 최첨단 유행 패션은
스타일과 색상, 형태가 독특한 까닭에
모든 사람에게 어울리기 힘들다. 이런
옷은 사놓고도 입지 않을 가능성이
높다. 유행이란 너무도 빨리 변하기
때문이다.

나만의 스타일을 발견한다

가능한 많이 입어보고, 나에게 잘
어울리며 동시에 편안한 옷은 무엇인지
파악해둔다.

다른 사람에게서 영감을 얻을 것

일상적으로 많은 의상과 유행 아이템에
둘러싸여 사는 나조차 타인의
스타일링을 늘 살펴보고, 그 방법과
이유에 대해 관심을 갖는다. 그들이
옷을 선택한 뒷이야기는 언제나 영감을
불러일으킨다. 주저하지 말고 다른
사람에게 조언을 청하거나 스타일링
비결을 물어본다.

중국의 유명 스타일리스트 데니스 호는 유행의 노예가 되지 않고 쇼핑하는 문제에 대해
매우 열정적이며 실용적인 태도를 견지한다(그녀의 쇼핑 요령은 23쪽 참고).

에코시크 디자인상EcoChic Design Award을 받기도 한 켈빈 완과 공동창업한
완 앤 웡 패션Wan & Wong Fashion은 지속가능성을 최우선으로 해 폐원단을 재사용한다.

나쁜 쇼핑 습관 버리기

충동구매를 한 뒤 황홀감을 느끼거나 최신 유행 아이템을 소유했다는 기쁨에
굴복하는 것이야말로 나쁜 쇼핑 습관이다. 이런 습관은 끊임없이 쏟아지는 마케팅
세례에 의해 더욱 부채질된다. 나쁜 습관을 고치는 일은 쉽지 않다. 의지력이 필요할
뿐 아니라 생각 없는 쇼핑의 문제점을 인식해야만 오래된 행동양식을
끊어버릴 수 있다.

설령 세상에서 가장 공정한 무역을 통해 공수한 유기농 소재 의류를 구매했더라도,
나쁜 쇼핑 습관을 버리지 못한다면 과소비와 무개념 옷장의 악순환만 반복될
뿐이다. 이는 결국 막대한 양의 의류 폐기물로 이어진다.

나쁜 습관을 끊어버린 후에야 비로소 환경을 '의식 있는 옷장conscius closet'의
주인으로 거듭날 수 있다.

"나는 1년 동안 '새옷'을 사지 않기로 맹세한 뒤 빈티지 의상과
재활용 의류만 입었다. 또 가지고 있던 옷을 용도 변경해 입기도 했다.
이 과정에서 수십 년 전 만들어진 옷이야말로 영구적으로 입을 수 있다는
사실을 깨달았다. 오늘날의 패스트패션 디자인과는
전혀 달랐다."
—비앤카 알렉산더Bianca Alexander(Conscious Living TV 크리에이티브 디렉터 및 호스트)

구매 말고 대여

특별한 날에 입을 값비싼 의상을 사기 위해 매장을 찾는 일이 종종 있다. 하지만 그렇게 산 옷은 딱 한 번만 입은 뒤 옷장 뒤편에 처박히는 신세로 전락하기 십상이다. 그러니 신용카드를 꺼내기 전에 지인들에게 행사 의상을 빌리거나 의상대여 프로그램을 활용한다(국내 패션 렌탈 서비스도 최근 들어 많이 생겼다. 셔츠 전문 브랜드부터 월정액 의류 대여 서비스까지, 많은 업체가 있으니 인터넷으로 검색해보자—편집자).

패션 라이브러리를 표방하는 렌탈 브랜드들이 취급하는 의상은 웨딩드레스처럼 특별한 아이템에만 머물지 않는다. 개인적으로 빌려 입거나 렌탈 서비스를 이용하면 자주 입지도 않을 옷을 생산하는 데 들어가는 탄소발자국을 줄이는 동시에 저렴한 비용으로 자신이 추구하는 스타일을 고급스럽게 연출할 수 있다. 나아가 내가 옷을 빌려주는 역할을 해볼 수도 있다. 친구나 가족에게 옷장을 개방해 공유 개념을 실천해보자.

덜 사되 더 좋은 걸로!

말 그대로다. 지속가능성이 가장 높은 쇼핑 습관은 오랫동안 입을 옷을 엄선해 덜 사는 것이다. 여력이 되는 한에서 품질 좋은 옷을 산 후 오래 입는다는 뜻이다. 옷을 잘 사야 잘 입는다. 서로 밀접하게 연관된 문제다. 유기농 티셔츠를 현명하게 구매해 제대로 입고 관리하는 것. '의식 있는 옷장'은 이렇게 구축된다.

3

양보다 질

우리의 옷장이 지속가능성을
갖추는 데 가장 중요한 요소로
손꼽히는 것은 의류의 품질이다.
많은 옷들이 기껏해야 한 시즌을
사용하는 데 그친다. 심지어 품질
낮은 의류는 세탁기에 넣고 한 번
돌리면 망가져버린다. 하지만 좋은
옷은 내구성이 탁월하다. 질 낮은
패스트패션 제품과 달리 재단과
마감도 훌륭하다. 현금을 건네고
물건을 받아들기 전에 이 옷이 내 옷장
안에서 얼마나 머물지 생각해본다. 잘
만들어진 옷인가? 내구성이 좋은가?
몇 년 후에도 입을 수 있을까? 이런
질문에 긍정적인 답을 내놓을 수
없다면 그 옷은 내 옷이 아니라고
생각해야 한다.

4

원단을 면밀히 살핀다

무엇보다 먼저 원자재가 무엇인지
들여다봐야 한다. 눈으로 살피고
손으로 만지면서 내구성을 확인하자.
염색물의 주요 성능 평가항목인
염색견뢰도color fastness(외적 조건에
대한 염색의 저항성)가 높고 원사
강도가 강하다면, 내구성도 좋다.
그러면 재활용되거나 쓰레기 매립지에
버려지는 일은 없다(매립지에 버려지는
문제에 대해서는 4장에서 좀 더 알아보도록
하겠다). 데님이나 라이오셀과 같은
원단이 좋다. 시폰처럼 섬세한 원단은
가능한 피해야 한다. 쉽게 찢어지기
때문이다. 이밖에 세탁법과 안감도
면밀하게 살핀다.

그리고 솔기를 살펴볼 것

외형만 보고 속아서는 절대 안 된다.
옷을 뒤집어 찬찬히 살펴보자. 잘 만든
옷은 솔기와 옷단, 바느질, 마감처리
역시 꼼꼼하다. 바느질 상태를 확인할
때는 바늘땀 크기가 중요하다.
촘촘한 바느질은 원단을 더 견고하게
잡아준다. 솔기 선을 따라 바느질을
이중으로 하는 오버로크 마감과 솔기를
'감싸주는' 루프테이프 처리를 했다면
내구성은 한층 강화된다. 미심쩍은
구석이 있으면 솔기를 살짝 당겨보라.
원단이 금방 분리된다면 조잡한
상품이다. 마지막으로 시접이 넓은
옷은 나중에 늘리거나 줄여 입기 더
수월하다는 점도 기억하자.

응용성이 핵심

전에 사둔 옷과 지금 사려는 옷이
얼마나 잘 어울릴까? 어떻게 맞추어
스타일링할 수 있을까? 신발이나
목걸이 등 내 패션 아이템과는 잘
맞을까? 비슷한 옷이 이미 옷장
안에 걸려 있는 것은 아닌가? 다양한
방식으로 응용해서 스타일을 연출할
수 있고, 때와 상황에 맞춰 입을 수
있는 아이템을 구매하면 투자 수익률은
극대화하고 불필요한 낭비는 최소화할
수 있다(스타일링 영감은 3장 참고).

현실적으로 확인한다

쇼핑을 할 때, 구입하는 옷의 장기적인 수명에 대해 생각하는 사람은 별로 없다. 얼마나 오래, 자주 입을 것인지를 고민하지 않는다. 그러다 보니 결과적으로 옷장 안에 걸린 옷 중 실제로 자주 입는 옷은 극히 일부에 불과하다. 편안함과 편이성에 대해 생각하자. 몸에 쓸리거나 움직임이 불편하고 숨도 제대로 못 쉬게 만드는 옷이라면, 더 이상 입지 않을 가능성이 높다. 그러니 사지 말아야 한다. 자신의 생활방식과 맞지 않는 옷을 사려는 유혹에 넘어가면, 돈과 자원을 한꺼번에 낭비하는 꼴이 된다.

입어본다

옷을 살 때는 반드시 입어봐야 한다. 기분이나 날씨가 변화무쌍하듯 옷의 사이즈도 브랜드나 디자이너, 심지어 원단에 따라 달라진다. 매장에서 옷의 맞음새를 직접 확인하고 이상 있는 부분을 발견했다면 몸에 맞도록 조정해주는 서비스를 통해 문제를 해결해야 한다. 특히 재킷이나 코트를 구매할 때는 어깨의 맞음새를 주의 깊게 살펴본다. 어깨가 맞지 않을 경우 수선이 어렵고, 비용 또한 많이 든다.

저항하라, 후회하지 않도록!

매장 상인은 우리가 쇼핑하기를 원한다는 사실을 잊지 말자. '세일'이라는 간판이 보이거나 '마지막 구매 찬스'라는 표지판이 매장 곳곳에서 번쩍거릴 때, 또는 저렴한 구매 기회를 알려주는 친절한 이메일이 날아들 때는 일단 심호흡을 하고 구매 충동에 저항하라. 계산대로 달려가기 전에 정말 나에게 필요한 물건인지, 이미 비슷한 것을 갖고 있지 않은지 묻고 또 묻는다. 내 주머니 사정에 어울리는 가격인가? 지나치게 유행을 타는 옷이라 다음달이 되면 부끄러워 못 입게 되는 건 아닐까? 순간적인 충동구매 유혹에 저항하는 것은 장기적인 관점에서 훨씬 큰 만족감을 안겨주고 맵시 있는 옷으로만 채워진 옷장을 갖는 지름길이다.

10

쇼핑 '테라피'에 속지 않는다

좌절감이나 지루함, 슬픔 같은 감정을 치유하기 위해 쇼핑을 하면 대개 충동구매에 빠진다. 감정에 휩싸여 구매 결정을 하기 때문에, 전혀 필요 없는 옷으로 가득한 쇼핑백을 손에 들고 만다. 하지만 이런 식의 쇼핑 테라피는 일시적 치유 효과만 낼 뿐 진짜 문제는 고스란히 남겨둔다는 부작용이 있다. 배고플 때 먹거리 쇼핑을 자제하듯, 기분 우울할 때의 옷 쇼핑 역시 피해야 한다. 그렇지 않으면 자칫 우리의 불쾌한 기분은 지구에 좋지 않은 일을 하고 만다! 대신 다른 방식으로 기분을 북돋워보자. 친구나 가족과 함께 어울리거나 좋아하는 운동을 하면 일거양득이지 않을까?

한 번 더 생각하기

잘 모르겠다 싶은 일은 안 하는 게 맞다. 살까 말까 망설여지고 확신이 생기지 않아 돈을 건네기 어렵다면, 일단 그 자리를 떠나 커피를 한 잔 마시거나 다른 매장을 둘러보자. 아니면 하루 더 생각해보든지. 특히 늦은 밤에 온라인쇼핑 삼매경에 빠지기 쉬운 사람이라면 하루만 더 생각하는 습관을 들여야 한다. 그렇게 하면 좀 더 객관적으로 자신에게 필요한 것이 무엇인지 알 수 있다. 그것만 실천해도 소비는 신중해지고 지구와 환경을 생각하는 삶으로 한 걸음 더 다가간다.

윤리적인 소비생활

잠들었을 때를 비롯해 살아숨쉬는 거의 모든 시간 동안 우리는 옷을 입는다. 하지만 정작 옷이 어떻게 만들어져 우리에게로 왔는지에 대해서는 잘 알지 못한다. 대다수 사람들은 옷을 만드는 데 얼마만큼의 비용이 드는지 가늠할 수조차 없다. 사실 의류 생산으로 야기되는 환경비용과 사회비용이 막대함에도 불구하고 우리는 그에 상응하는 보상을 지불하지 않는다.

하지만 소비자가 집합의식collective consciousness(집단조직 내에서 전체 구성원들에게 공유되는 일련의 사고방식)을 통해 새로운 인식과 각성을 한다면 충분히 이런 현실을 벌충할 수 있다. 스타일을 포기하지 않고도 지속가능성을 높이는 패션은 얼마든지 가능하다. 중고의류나 재활용 의류 또는 유기농 소재 의류가 바로 그것이다. 일상생활에서든 특별한 의류 구매를 할 때든, 소비가 환경에 미치는 영향을 최소화하려는 노력을 하는 게 중요하다. 물론 완벽하게 지속가능한 패션은 존재하지 않는다. 모든 소비는 어떤 식으로든 이 세상에 영향을 준다. 그렇다고 해도 윤리적인 쇼핑을 통해 우리의 신념을 보여주는 것부터 시작해보자.

자세히 알아본다

아는 것이 힘이다. 기존에 즐겨 구매한
브랜드와 새롭게 눈길을 사로잡는
브랜드에 대한 정보를 입수한다. 이미
구매한 옷들에 관해서도 생각보자.
어디서 어떻게 만들었는지, 원자재는
무엇인지, 해당 기업에서 환경이나
사회 문제와 관련한 정책을 펴는지?
매장 직원에게서 이 모든 내용에
대한 정보를 얻기는 힘들 것이다.
오히려 아무것도 알지 못하는 직원과
마주칠 가능성이 더 높다. 이런
정보를 공유하지 않는 브랜드가
많기 때문이다. 그런 경우 브랜드의
웹사이트에서 직접 관련 정보를
검색할 수 있다. 그것도 여의치
않다면 다른 사람이 찾아놓은 정보를
공유한다. 스타일리시하면서도
지속가능성을 놓치지 않는 패션 정보를
가득 보유한 온라인 블로그를 찾아
팔로우하는 것도 하나의 대안이다.

실제 원가를 고려한다

의류 구매 비용은 날로 저렴해진다.
그 덕에 우리는 지구에 미치는
영향이나 의류를 실제로 생산하는
사람에 대해 생각하지 않고 함부로
옷을 소비한다. 싸구려 옷을
생산한다는 것은 생산 및 공급과정이
부실하다는 의미일 수 있다. 옷을 살 때
우리는 질문해야 한다. 이처럼 저렴한
이유는 무엇인가? 공정한 노동환경
아래 만들어졌는가? 생산과정에서
환경에 얼마나 많은 영향을 미쳤는가?
당장 진실을 밝히기 어렵다고 해도
질문을 멈추어서는 안 된다.

브랜드의 이면을 본다

오늘날 소비되는 의류의 60퍼센트는 지리적으로나 문화적으로 멀리 떨어진 곳에서 생산된다. 말레이시아에서 생산한 옷은 화성에서 만들어진 옷만큼이나 '깜깜이' 생산과정에서 만들어졌다는 의미다.[13] 브랜드의 이면을 들추어 우리 눈에 쓰인 눈가리개를 제거해야만 한다. 공급망에 대해 언급한 마케팅 문구들을 확인해보자. 생산시설부터 공급망에 이르기까지 세부 항목 정보를 모두 공시하거나 노동자들의 이야기까지 공개하면서 청바지 한 벌을 만든 사람과 소비자를 연결시켜 주는 곳도 있다. 또 기업 소재지에서 생산했음을 강조하는 브랜드도 있다. 이렇게 하면 생산 거리가 줄고 지역경제 및 지역고용에 기여할 수 있다.

중고품을 구매한다

다른 사람이 입다 내놓은 중고의류를 구매하는 것이야말로 효율성과 지속가능성을 높이는 지름길이다. 나쁠 이유가 없지 않은가? 무엇보다 똑같은 옷을 입은 사람을 만날 가능성이 줄어들고, 새옷을 장만할 때와 비교해 푼돈을 지불하면 된다. 우리 옷장이 환경에 미치는 영향도 확 줄어든다. 오래 전에 만든 옷을 재사용하므로 새로운 옷에 투입될 자원을 절약하는 셈이다. 중고의류에 접근하는 방법은 간단하다. 빈티지 매장이나 온라인쇼핑 플랫폼을 이용하면 된다. 자선사업을 하는 중고매장에서 사면 금상첨화다. 자원도 재활용하고, 자선사업에도 일조하는 셈이니까. 중고품 구매가 낯설게 느껴진다면 쇼핑 시간을 넉넉히 확보해 두자. 중고의류 쇼핑을 할 때는 인내심과 끈기가 필요하고 창의성도 많이 발휘해야 한다.

6

화학물질에 유의할 것

크롬, 포름알데히드, 아조염료 등 가공 화학물질과 농약, 염료는 우리가 입고 있는 옷의 원단 안에 내재되어 있다. 이런 화학물질은 생산지역의 생태계 안에도 침투한다. 또 옷을 입다가 세탁을 할 때 우리 집 인근 수로를 따라 이동한다. 이런 상황을 피하려면 원자재를 경작하는 과정에서 맹독성 농약을 사용하지 않은 유기농 원단을 찾아야 한다. 그렇다 해도 유독한 염료와 가공 화학물질을 사용하지 않았다고 단정지을 수는 없다. 친환경 염료가 속속 개발되고 있지만 제한적으로만 사용되는 실정이다. 친환경 인증을 받은 브랜드인지 확인하는 것도 좋은 방법이다. 오코텍스 OEKO-TEX, GOTS, 블루사인 등 공식 인증시스템과 협약을 맺은 제품들은 소비자와 자연환경에 안전하다고 공인된 셈이다.

5

재활용 원단 찾기

면에서 실크에 이르기까지, 모든 의류 원단은 환경에 영향을 미친다. 다만 지구에 미치는 영향을 최소화하는 대안이 있다. 재활용 원단으로 만든 옷을 구매하면 원단을 만들기 위해 투여되는 천연자원을 아낄 수 있다. 새 원단에 대한 수요를 줄여 환경에 미치는 압박감을 더는 데 일조하는 것이다. 그런가 하면 목재 펄프에서 원료를 추출해 만들어 100퍼센트 생분해 가능한 친환경 섬유인 텐셀과 지속가능성이 높은 고무 및 유기농 면섬유가 있다. 이 외에 우유와 차, 커피, 코코넛 찌꺼기로 만든 원단을 사용한 옷도 있다. 이런 대안적 섬유 옷을 구매하는 것은 그 자체로 '의식 있는 옷장'을 구축하는 투자가 된다.

동물 윤리에 대해 고려하기

동물 유래 소재(가죽, 모직, 앙고라, 모피, 파충류의 표피 등) 사용은 명품 브랜드뿐 아니라 대중적인 중저가 브랜드에서도 흔히 볼 수 있다. 하지만 동물복지 관련 규정과 법규는 지역에 따라 천차만별이다. 인도적인 차원부터 처참한 수준에 이르기까지 다양한 상황이 혼재하므로 가죽을 벗겨 신발과 허리띠, 재킷을 만들기까지 동물을 어떤 환경에서 수용했는지 파악하기는 매우 어렵다. 산 채로 털을 뽑거나 가죽을 벗기는 게 허용되는 동물이 있는가 하면, 좁은 우리 안에 갇힌 채 화학물질을 주입받는 동물도 있다. 사정이 이렇기 때문에 동물 소재 의류를 착용하는 건 윤리적 줄타기를 하는 것과 비슷하다.

패션에서 오염을 가장 많이 일으키는 소재인 가죽은 오늘날 광범위하게 활용되고, 비교적 저렴한 가격에 구매할 수 있다. 이런 까닭에 패션계에서 가죽시장은 지속적으로 확장되었고, 축산업은 개발도상국으로 이동하고 있다. 그런 나라에서는 동물복지 관련 법규가 무력하기 쉽다. 지금 당신 손에 들린 클러치 상표에 'made in Itaiy'라고 적혀 있다 해도, 최종 공정을 이탈리아에서 했다는 의미일 뿐이다. 그러므로 동물 소재를 사용한 제품을 구매할 때는 각별히 주의해야 한다. 상표에 적힌 것 이상의 정보를 찾고 이것저것 꼼꼼하게 물어볼 필요가 있다. 아니면 매트 앤 내트^{Matt & Nat}(재생 플라스틱 병을 이용한 제품을 판매하는 캐나다의 가방, 지갑 브랜드)와 같은 기업에서 선보이는 '비건 가죽'이나 인조모피 등 대안을 선택하거나 사회적 책임까지 고려하며 가죽을 사용한 제품을 찾아보라. 물론 중고품을 선택하면 더 좋다.

사명감을 지닌 쇼핑

우리는 흔히 쇼핑을 내 마음대로 할 수 있는 특별한 기회라 여긴다. 하지만 쇼핑은 나눔이 될 수도 있다. 최근 피드 프로젝트FEED Project(제품 수익으로 식량을 원조하는 프로젝트)와 탐스TOMS (신발 한 켤레를 팔면 한 켤레의 신발을 제3세계 아이에게 기부한다)처럼 공익적 목표를 추구하는 비즈니스 모델이 부상하고 있다. 이런 모델의 미덕은 나의 쇼핑이 물건 구매가 어려운 사람에 대한 원조로 이어진다는 점이다. 단, 이때에도 정말 필요한 쇼핑인지 돌아봐야 한다. 사명감에 사로잡혀 불필요한 구매를 해서는 안 되기 때문이다.

지속가능한 기술을 후원한다

행동으로 보여주자. 지속가능성 있는 브랜드를 찾아 입으라는 이야기다! 최근 폭발적으로 증가한 혁신의 결과를 구현하는 디자이너들이 늘고 있다. 폐기물 제로 기술이나 업사이클링 upcycling(중고품을 가공해 더 좋은 제품으로 재탄생시키는 일), 의류 복원술을 활용하는가 하면 기계화로 인해 사양화되었던 자수와 직조, 구슬세공 등 전통기법을 되살려 활용하는 곳도 있다. 래그스투리치스Rags2Riches(가난한 수공예 노동자들이 정당한 대가를 받도록 돕는 '슬로패션' 사회적 기업)와 앵거스 추이Angus Tsui(업사이클링을 기조로 하는 브랜드) 등이 대표적인 친환경 브랜드이다.

10

라벨을 꼼꼼하게 살핀다

라벨은 매우 중요하다. 라벨에서 제한적 정보만 제공하는 것 같지만 어떤 원단으로, 어디서 만든 옷인지는 분명히 알 수 있다. 원단이 무엇인지 알면 최소한 옷 관리를 어떻게 해야 할지도 파악된다. 의류 관리법은 구매 여부를 결정하는 데 중요한 변수가 될 수 있다. 가끔 브랜드에서 상품의 지속가능성 인증에 관한 정보를 공유하기도 한다. 하지만 주의가 필요하다. 브랜드에 따라 '천연'이나 '친환경'이란 표현을 엄밀하지 않은 의미로 사용하기 때문이다. 의심스러운 구석이 보인다면 브랜드의 선전문구를 뒷받침하는 정보를 좀 더 찾아보면 된다.

11

진정성 있는 브랜드인가

라벨에 찍힌 환경 인증마크도 브랜드의 진정성을 파악하는 데 도움이 된다. 국제오가닉섬유표준GOTS, Global Organic Textile Standard이나 국제리사이클표준 Global Recycle Standard, 공정무역인증 Fairtrade과 같은 인증제도는 소비자들이 믿고 제품을 살 수 있도록 돕기 위해 만들어졌다. 이런 인증은 기업이 엄격한 테스트를 통과했다는 의미다. 이제는 점점 더 많은 기업에서 공급망 전체에 직접 관여하면서 생산단계의 전 공정에 이르는 상세한 정보를 제공하는 추세다. 따라서 소비자가 원한다면 재킷에 사용된 모직을 어떤 양에게서 얻었는지까지 추적해 알아볼 수 있다.

12

기본 아이템부터 시작!

속옷과 양말, 스타킹, 상의는 가장
많이 갈아입는 아이템이다. 자주 입고
세탁하기 때문에 상품 수명도 짧다.
그러므로 지속가능성 높은 아이템으로
새롭게 시작하고 싶다면, 일반적인 면
팬티를 유기농 제품으로 바꿔보는 게
제일 좋다. 속옷이나 양말 같은 기본
아이템은 자주 구매하기 때문에 약간의
변화를 주는 것만으로도 큰 영향을
미친다. 다행스러운 일은 지속가능성
높은 기본 아이템들이 에이치앤엠
H&M과 막스앤스펜서Marks & Spencer와
같은 대중적 중저가 브랜드에서 많이
소개되고 있다는 점이다.

13

정말 마음에 드는 옷만!

불행히도 현재 시장에는 완벽하게
지속가능한 제품이 없다. 그러므로
'의식 있는 옷장'을 구축하는 과정에서
단지 유기농이거나 재활용, 공정무역
제품이라는 이유만으로 옷을 사려
들어서는 안 된다. 언제나 유용성을
최우선순위에 둘 것. 소재와 상관없이
정말로 마음에 드는 아이템을 구매하는
게 더 낫다. 태양광을 사용하는 지역
공장에서 생산되고, 수익의
20퍼센트를 자선사업에 사용하는
유기농 의류를 구매했다고 치자.
그 옷을 사두기만 하고 입지 않는다면,
결국 자원을 낭비한 것은 매한가지다.

앰버 발레타

지난 25년 동안 앰버 발레타Amber Valletta는 수많은 잡지 표지를 장식하고 최고의 디자이너들과 함께 작업해왔다. 최근 들어서는 모델 활동보다 배우 활동을 더 활발히 하면서 'Mr. 히치-당신을 위한 데이트 코치'와 '왓 라이즈 비니스' '스파이 넥스트 도어'와 같은 영화에 출연했다. 앰버는 패션과 지속가능성을 주제로 한 다큐멘터리 영화 시리즈인 '드라이빙 패션 포워드'를 제작하고 직접 출연했으며 2013년에는 라이프스타일 브랜드인 '마스터 앤 뮤즈 Master & Muse'를 론칭했다. 지금은 미국 패션디자인협회 + 렉서스 패션연구소에서 멘토로 봉사하고 있다.

"우리는 세월이 흘러도 변치 않을 제품이나 가보로 물려줄 명품 대신 아무런 생각 없이 싸구려 물건들을 잔뜩 사들인다. 값싼 티셔츠 한 장을 싸게 샀다고 좋아한다. 하지만 언젠가 우리는 그에 상응하는 대가를 치르게 될 것이다. 우리에겐 이런 식의 무분별한 소비자가 될 여유가 없다."

앰버의 착한 쇼핑 요령

착한 쇼핑이야말로 패션을 선도한다

나는 옷을 살 때 좀 더 착한 쇼핑을 하려 노력한다. 착한 쇼핑이란 뭘까? 옷을 어디서 어떻게 만들었는지 공개하면서 세상에 긍정적인 기여를 하는 브랜드를 구매한다는 뜻이다. '패션을 선도'한다는 말이 가방이나 신발을 마구 구매하는 것인 양 오해되지만, 그런 나쁜 습관이 어떤 비용을 치르는가에 주의를 기울이는 것이야말로 패션을 선도하는 일이라고 나는 믿는다. 아름다움이나 스타일을 포기할 필요는 없다. 더 나은 선택을 통해 착한 쇼핑을 하는 것일 뿐.

어떻게 시작할까?

소비자가 옷의 생산과정을 궁금해 한다는 사실을 자신이 좋아하는 브랜드에게 알려야 한다. 마케터에게, CEO에게, 디자이너들에게 질문하라. 소비자로서 영향력을 발휘해 패션기업이 환경과 사회에 대한 책임을 통감하고 합당한 조치를 취할 수 있도록 유도하자. 우리가 질문하고 조금 더 현명하게 구매한다면 기업들도 책임감을 갖고 시장에 나설 것이다. 스타일을 포기하지 않고도 선한 영향력을 극대화하도록 나서자!

구매 습관을 바꾼다

시간이 흘러도 변치 않을 아이템을 선택한다. 시간을 초월하고 유행을 넘어서 전통적이며 놀랄 만큼 매력적인 특질을 갖춘 아이템은 나의 구매 1순위이다. 몸에 맞게 잘 만들어진 옷만큼 좋은 건 없다. 나에게는 패션에 대한 사랑을 포기하지 않고도 사회적 책임을 다하는 브랜드 옷을 입을 권리가 있다.

로스앤젤레스에 있는 공장에서 한정판 컬렉션을 디자인하고 생산하는
패션기업 '리포메이션'은 자사 의류의 공급망 전반에 지속가능성을 적용하고 있다.

배우 겸 모델이자 지속가능한 패션의 멘토로 활동하는 앰버 발레타는 자신의
구매 습관을 바꿔 착한 쇼핑을 하고 있다(그녀의 쇼핑 요령은 43쪽 참고).

캡슐 옷장을 만들자

터질 듯 가득 찬 옷장 문을 간신히 닫으면서도 입을 게 없다고 불평하는 게 우리의 현실이다. 그렇다면 옷장을 가득 채운 것들은 대체 뭐란 말인가? 사실 우리가 소유한 옷들은 서로 어울리지 않기 일쑤고 스타일링도 쉽지 않게 구성되어 있다. 따라서 옷을 차려입는 일에 시간이 걸리고 나아가 좌절감까지 느낀다. 그렇지 않아도 바쁜 일상에 짐을 하나 추가하는 꼴이나 마찬가지다.

이때 필요한 것이 바로 '캡슐 옷장Capsule Wardrobe'이다. 애써 노력하지 않아도 쉽게 매치할 수 있는 필수 기본 아이템, 즉 스테이플 상품staple goods(계절이나 유행에 상관없이 상품 본래 기능으로만 꾸준히 잘 팔리는 기본상품)을 최소로 구비한 '캡슐 옷장'은 시간과 노력을 절약해준다는 측면에서 큰 도움이 된다. 최소 아이템으로 최대의 옷차림을 연출할 경우, 자신만의 스타일을 보여주기도 수월하다. 옷가지의 수를 줄이면 자연스레 품질 좋은 옷을 찾게 되므로 지속가능성이 높아지는 이점도 생긴다. 캡슐 옷장을 위한 큐레이팅은 가진 옷을 신중하게 선별해 편집한다는 의미로 해석되지만, '덜 구매하되 더 좋은 걸 구매하라Buy less, Buy better'는 모토를 실천한다는 의미까지 포함한다.

적을수록 좋다

캡슐 옷장의 핵심은 관리하기 쉬우면서
스타일리시한 옷장을 만드는 것이다.
이 말은 다용도로 활용가능한,
고품질의 아이템만 제한적으로
구매한다는 의미다. 적을수록 좋다.
캡슐 옷장은 대개 드레스와 하의,
상의, 외투를 비롯한 아이템 20~30
개로 구성된다. 물론 최종 개수는
각자의 현실에 따라 달라질 수 있다.
미니멀리즘을 실천해보겠다고 나서는
사람들에게 매우 반갑게도 속옷과
잠옷, 운동복 수는 제한하지 않는다.
단, 옷장의 규모를 축소한 후 새로운
아이템을 추가하려면 다른 아이템을
빼내야 한다는 규칙은 꼭 지켜야 한다.

나만의 스타일 찾기

캡슐 옷장 속 아이템은 여러 번 자주
입어야 하므로 편안한 동시에 맵시가
나야 한다. 또 옷장 주인의 피부색이나
체형, 라이프스타일을 보완해야 한다.
그러므로 이미 자신이 소유한 옷과
패션잡지, 블로그에서 영감을 얻거나
다른 사람들의 옷차림을 참고해 나만의
스타일을 찾아라. 이런 결과물을
출력한 뒤 패션 무드 보드mood board
(패션 콘셉트의 이미지를 시각화한 것으로
이미지 맵이라고도 한다)로 만들어
휴대폰에 저장해둔다. 이렇게 하면
기존 아이템과 어울리는 옷을 쉽게
선택하고, 충동구매에 휩쓸리지 않을
수 있다. 충동구매의 끝은 후회와
옷장에 쌓인 폐기물뿐이다.

3

기본을 갖춘다

캡슐 옷장을 구축하기 위해서는
다양하게 활용할 수 있는 청바지와
티셔츠, 스웨터 등 기본 아이템이
필요하다. 캡슐 옷장의 절반은 기본
아이템에 할애한 후 그것을 보완해주는
두어 벌의 특별한 아이템에 돈을 쓰자.
사무실에서 일하는 사람이라면 캡슐
옷장의 절반은 출근해서 입을 수 있는
옷으로 채우는 걸 목표로 하라.

4

색상과 실루엣을 고려할 것

캡슐 옷장을 만들면서 가장 중요하게
고려할 부분은 색상과 실루엣을
신중하게 큐레이팅하는 것이다.
색상이 서로 보완되는 톤이라면
옵션은 무궁무진해진다. 가령 커다란
액세서리를 이용해 의상에 변화를
주면 20개의 옷으로 50여 가지 스타일
조합(코디네이션)을 연출할 수 있다. 또
하나 중요한 게 균형감이다. 몸에 딱
맞아떨어지는 옷과 헐렁한 옷을 적절히
섞어 연출하면 다양한 사회적 상황과
기후 여건을 무리없이 소화할 수 있다.

5

잘 관리할 것

캡슐 옷장을 만들면 한 아이템을 자주 입게 된다. 그 과정에서 불가피하게 옷이 닳거나 찢어지는 일이 발생하므로 세심하게 주의를 기울여야 한다. 세탁이 간편하고 수선도 손쉬운 옷을 고르는 것도 중요하다. 청바지 같은 아이템은 내구성이 뛰어나고 다양하게 활용할 수 있어서 좋다. 드라이클리닝이 필요한 원단은 가급적 피한다. 이런 원단은 관리가 까다로울 뿐만 아니라 비싸고 환경오염을 유발할 가능성이 높다.

6

품질에 투자하라

시간을 초월하는 스타일을 기반으로 하는 캡슐 옷장이 가장 좋다. 그러므로 품질 좋은 청바지나 블레이저 같은 필수 아이템에는 돈을 쓸 필요가 있다. 당장은 다소 비싸더라도 그런 옷을 조금 사는 편이 돈을 절약하는 길이다. 시간이 흐를수록 스타일과 경제적 측면에서 가치를 더하는 특별 아이템을 구비할 것. 특히 자주 입는 옷들이라면, 품질은 절대적이다. 이런 아이템들은 투자한 돈에 상응하는 보상이 반드시 뒤따를 것이다.

계절에 적합한 옷 입기

캡슐 옷장은 계절에 맞춰 조정해야
한다. 지금 내가 사는 곳의 계절 변화가
얼마나 뚜렷하냐에 따라 옷장 정리의
강도가 달라진다. 가능하면 계절과
상관없이 입을 수 있는 아이템을
갖추는 게 좋다. 맨 다리에 입어도 좋고
타이즈 위에 입어도 좋은 스커트나
겹쳐 입을 수 있는 윗옷 등으로 캡슐
옷장을 채워보라.

전문가 의견에 귀기울이자

스타일리스트나 퍼스널 쇼퍼와
같은 사람들은 부자나 유명인만을
위해 일하지 않는다. 돈을 들여
스타일리스트의 서비스를 받는 것은
충분히 해볼 만한 일이다. 스타일이
돋보이는 캡슐 옷장을 제대로 갖출
있기 때문이다. 전문가들은 나에게
가장 잘 어울리는 기본의상 아이템이
무엇인지 정확히 파악해준다. 또 이미
갖고 있는 내 옷들과 가장 잘 어울리는
아이템이 무엇인지도 알려주기 때문에,
확신을 갖고 좋은 옷을 구입하기
수월해진다. 나아가 추가적인 소비
없이 새롭게 연출하는 스타일링 옵션을
얻는 이점도 있다.

타니아 레이네르트-셸카노브체바

패션업계의 추악한 진실을 접한 후 블로그에 글을 쓰기 시작한 타니아 레이네르트-셸카노브체바Tania Rreinert-Shchelkanovtseva. 그녀는 의미 없는 소비의 대안을 직접 찾아내기로 결심하고 윤리의식과 미학을 동시에 추구하는 온라인 스토어를 찾아다녔지만 끝내 헛수고로 끝났다. 그러자 타니아는 사만사 웡Samantha Wong과 함께 선구적인 친환경 온라인 부티크를 창업하기로 결심한다. 2012년, 두 사람은 '어 보이 네임드 수A Boy Named Sue'를 세상에 선보였다.

"예전에 쇼핑은 내게 기분 전환 수단이거나 시간을 보내는 도구였다. 또는 유행을 따르는 일이기도 했다. 하지만 패스트패션이 세상에 끔찍한 영향을 끼친다는 사실을 알고 난 이후에는 더 이상 그럴 수가 없었다. 나는 마음에 들지 않는다는 이유로 한 번도 입지 않은 채 옷장에 넣어뒀던 옷들을 기부했다. 기본 아이템과 독특하고 아름다운 옷만 남겨놓는 식으로 옷장을 정리했다. 이제 '양보다 질'이라는 말은 내 삶의 모토다."

타니아의 캡슐옷장

품질이 물량을 이긴다

최고 품질의 마리노 울스웨터 한 벌은
계절이 여러 번 바뀌도록 입을 수
있지만 패스트패션 의류들은 몇 개월,
심지어 몇 주밖에 못 입는다.

유행 아이템은 안녕!

내가 가진 옷과 잘 어울리는 아이템이
무엇인지 생각한다. 나의 원칙 중
하나, 현재 내가 가진 옷과 어울리지
않는 아이템은 절대 사지 않는다.

나의 필수 아이템

품질 좋은 두 벌의 청바지(회색과
검정색), 티셔츠 세 벌(회색, 하얀색,
남청색), 내 피부톤에 어울리는 실크
탱크톱, 풀오버 스웨터 두 벌(크림색과
남청색), 코트와 바이크 재킷 한 벌,
근사한 스카프 몇 개, 반바지 한
벌, 하얀색 재킷슈트(양복 상의) 한
벌, 맨 발에도 어울리고 하이힐을
신어도 잘 어울리는 긴 드레스 한
벌, 개성을 강하게 드러내는 목걸이
하나, 플랫슈즈와 아찔한 킬링 하이힐
한 켤레. 이 정도만 갖춘다면 어떤
스타일이든 연출할 수 있다.

금융인에서 블로거로 전향한 타니아 레이네르트-셀카노브체바는 '어 보이 네임드 수'를
공동 창업하면서 '의식 있는 캡슐 옷장'을 구축하는 미션을 수행해냈다
(타니아의 캡슐 옷장 만들기 요령은 53쪽 참고).

100퍼센트 투명경영을 표방하는 '어니스트 바이'는
세계 최초로 생산비용 분석 내용 전체를 소비자와 공유하고, 심지어 수익까지도 나눈다.

55

행동하라

패션산업의 존재기반은 소비자다. 우리의 돈은 그들에게 생명수와 같은 존재다. 달리 말하자면 우리가 지갑을 여는 횟수, 그리고 단호하게 지갑을 닫게 하는 요인에 대해 패션업계 사람들이 매우 민감할 수밖에 없다는 뜻이다.

돈을 쓸 때마다 우리는, 자신이 믿고 따르는 신념에 대해 의사 표시를 하는 셈이다. 사실 의사 표현은 돈으로만 가능한 게 아니다. 또 다른 강력한 도구가 우리에게 있다. 목소리로 의견을 말하는 간단한 행위! 친구나 가족 또는 패션업계에 자신의 의견을 당당하게 표출하는 것만으로도 커다란 변화를 일으킬 수 있다. 행동하는 시민이 되고 싶다면 먼저 돈줄을 제어하는 것부터 시작하자. 돈주머니를 졸라매면 제일 먼저 자유가 따라오고, 궁극에는 개성 넘치는 스타일을 연출하는 현대적 패션 활동가로 거듭날 수 있다.

1

돈주머니의 위력을 보여라

대형 패션기업이 현재의 규모를 갖춘 원동력은 우리의 돈이었다. 우리 돈이 없었다면 그들은 절대 성장할 수 없었다. 결국 매장에 어떤 상품이 진열될지를 결정하는 것은 소비자의 구매 성향이다. 돈주머니의 위력은 의류제품의 흥망성쇠를 결정할 정도로 강력하다. 이 파워를 극대화하기 위해 우리는 환경과 사회적 의무를 생각하며 지속가능한 경영을 펼치는 브랜드를 찾아 이용하면 된다. 이런 브랜드를 애용하다 보면 쇼핑 경험은 합리적이며 간소해지고, 더불어 우리가 중요하게 생각하는 브랜드를 성장시키는 선순환에 동참하는 셈이다.

2

목소리를 내자!

의견을 분명하게 전하자! 이메일이나 편지, '고객카드'를 활용할 수도 있다. 좋아하는 패션 브랜드 매장에 유기농 원단이나 공정무역 소재, 재활용 면직을 이용한 아이템이 없다거나 의류 생산지에 대한 정보를 더 자세히 알고 싶다면 본사에 직접 연락해보자. 요구가 받아들여지지 않을 경우, 더 이상 제품을 구매하지 않겠다는 의사를 전해라. 애용하는 기업의 환경 및 사회적 의무 관련 정책에 대해 질문하고 지속가능성 높은 제품을 만들지 않는 이유도 물어보라. 이런 식의 고객 문의가 기업에서 관련 논의를 시작하게끔 이끈다. '손님은 왕이다.' 기업은 고객의 집단적인 목소리를 경청하고 중요한 의제로 다룬다.

소셜미디어를 활용하라

스스로의 영향력을 과소평가하지 말
것. SNS를 통해 개인적 경험과 의견을
공유할 수 있기 때문이다. 브랜드는
고객 즉 기업의 생명줄이 자사 제품에
관해 어떻게 말하는지 매우 민감하다.
SNS를 통해 지인들과 지금까지 배워온
것들을 공유하거나, '좋아요' 버튼을
누르거나, 리트윗을 통해 지속가능성
높은 브랜드와 관련 캠페인을 후원하고
지지한다는 사실을 보여주는 것만으로
영향력을 행사할 수 있다.
브랜드의 생산공정에 관해 알아낸
사실을 친구들에게 알려주는 것만으로
당신은 이미 패션 활동가이다.

4

내 견해를 밝혀라

청원서, 캠페인, 현장이벤트 참여
등으로 내가 무엇을 지지하는지
보여주자. 강력한 캠페인이 소비자의
지지를 얻고 미디어 반응까지
이끌어내면 기업들도 주목한다. 신념에
따른 사회적 행동을 하다 보면 관점을
공유한 사람들과 만나 교류할 수도
있다. 신발 없이 하루 보내기
(신발 한 켤레가 맨발의 아이들에게 줄 수
있는 변화와 영향력을 알리기 위해 진행한
캠페인)부터 라벨이 보이도록 옷 뒤집어
입기(저임금으로 유명 브랜드 옷을 만들다
공장 붕괴사고를 당한 희생자를 기리며
의류 공급과정에 문제를 제기하는 '패션
레볼루션데이' 캠페인)에 이르기까지
다양한 활동에 참여해 안목을 넓히자.
인터넷 검색으로 그린피스나 패션
레볼루션 같은 단체에서 진행하는
캠페인을 살펴보고 참여해보자.

적극적인 소비자가 되라

소비자로서 거대 기업을 상대로
목소리를 내다보면 광야에서 외치는
작은 소리에 불과하다는 느낌을
받을 수 있다. 전 세계 70억 인구가
애용하는 업계에 대항하는 게 가당치
않다는 생각이 들 수도 있다. 하지만
나의 목소리를 세상에 전하고 중요한
사회 문제를 공유하며 함께 행동할
사람들을 만날 수 있는 길은 많다.
자신의 시간과 전문지식, 돈을
기부하는 방식으로 패션업계가 세상에
좋은 영향을 끼치도록 유도할 수도
있다. 도움이 필요한 단체를 후원하는
과정에서 더 중요한 역할을 수행하게
될 가능성도 높다.

오르솔라 드 카스트로

패션디자이너이자 사회운동가인 오르솔라 드 카스트로Orsola de Castro는 업사이클링 패션 브랜드 '프럼 섬웨어From Somewhere'를 설립했으며, 2006~2014년 런던패션위크 기간 동안 영국패션협회가 주관하는 이니셔티브 프로젝트 '에스테티카Estethica'를 공동으로 진행했다.
패션업계 공급체계의 투명성 강화를 요구하는 단체와 디자이너, 아카데미들이 연합해 만든 국제기구 '패션 레볼루션'의 공동창립자이기도 하다.

"너무나 끔찍한 이야기와 수질오염, 만연한 위법행위 등이 언론에 소개되지만 소비자들은 여전히 제대로 알지 못한다. 그러므로 현실을 적나라하게 알고 있는 사람들이 목소리를 높여 끈질기게 변화를 요구할 필요가 있다. 이들 목소리가 점차 확산하면서 소비자는 패션산업 전반에 대해 의미 있고 적절한 질문을 던지기 시작했다."

오르솔라가 들려주는 행동 요령

실천한다

거대한 문제이니 어쩔 수 없다는
식으로 포기하는 건 금물! 사소한
변화부터 도모한다. 개인적인 차원에서
가능한 작은 일들을 실천에 옮긴다.
지속가능성은 선택의 여지를 줄이는
게 아니다. 이것이야말로 더 많은
선택지를 확보하는 유일한 길이다.
창의적이고 주체적으로 입고 행동하는
일. 이는 곧 자기 삶의 주인이 된다는
의미다.

변혁에 동참한다

다른 사람들에게도 소비자 혁명에
참여하도록 널리 알린다. 영감을 주고
용기를 북돋는 건 소셜미디어의 힘을
이용하면 가능하다. 아주 짧은 나의
글이 예상 외의 파장을 낼 수 있다.

질문한다

전 세계적으로 고통당하는 사람들,
고질적인 사회 병폐들에 대해 기업이
나서 대책을 마련하도록 유도하자.
우리가 입는 옷이 어디서 어떻게
만들어지는지, 기업에게 묻고 정확한
정보를 요구한다. 또 내 신념과
생각을 반영한 브랜드를 찾아내
적극 애용한다.

패션디자이너 오르솔라 드 카스트로는 옷을 디자인하는 일 못지않게
소비자 혁명에 적극적으로 나선다. 그는 변화를 가져오는 핵심은 경영 투명성에 있다고 믿는다.
(오르솔라의 요령은 63쪽 참고).

아소스ASOS의 지속가능성 라인 제품은 케냐 소코에서 생산한다.
아소스는 기술 숙련도를 육성 정책을 통해서 소코의 지역사회를 후원한다(위). '코라Korra'의 청바지는
인도인 재봉사가 바느질하고 마감한 후 서명을 하는 식으로 만들어진다(아래).

착 용

우리의 현실

게다가 옷을 제대로 알지 못하고, 효율적으로 관리하지 못하는 상황은 가뜩이나 분주한 아침에 옷을 찾아 입는 일을 버겁고 고된 작업으로 만든다. 그러니 우리 옷장이 지구환경 위기를 그대로 반영한다고 말해도 하등 이상할 게 없다.

'옷을 보면 그 사람을 알 수 있다.' 이 말이 사실이라면 오늘날 우리의 옷장은 현재의 혼돈과 위기를 그대로 드러낸다. 터질 듯한 옷장 안은 그 자체로 지속불가능한 우리의 소비 행태를 보여주는 증거물이다. 우리는 너무 많은 옷을 사고는 제대로 입지도, 활용하지도 못한다. 자신이 소유한 옷에 대해 아무것도 모른 채 살아가는 셈이다. 사실을 말하자면, 옷장보다 냉장고 안을 더 잘 파악하는 경향이 높지 않은가? 이는 집 안을 가득 채운 옷장과 서랍장 안에서 우리를 뚫어져라 바라보는 엄청난 패션 잠재력을 놓치고 있다는 의미이기도 하다.

이렇듯 잘못된 패션 습관은 돈과 지구 자원을 낭비하는 결과를 낳는다.

"옷을 서른 번 정도 열심히 입었다면 그 사실만으로 충분히 훌륭한 일이에요. 어떤 옷을, 어디서 샀는지는 그리 중요하지 않습니다. 저는 목적을 분명히 한 뒤 구매하고, 여러 번 애용할 수 있는 아이템을 구비합니다."
—리비아 퍼스Livia Firth(에코-에이지 대표)

지금 우리가 알아야 할 것들

우리는 가진 옷도 다 못 입는다

통계적으로 사람들은 전체 옷 입는 시간 중 80퍼센트를 소유한 옷의 20퍼센트로 돌려 입는다.[14] 습관적으로 기본적인 스타일을 반복해 입는다는 의미다. 그러니까 우리 옷장에는 손도 대지 않은 패션 잠재력이 터질 듯 가득한 셈이다.

사놓고도 입지 않는 옷들

한 조사에 따르면 16~24세 성인 중 58퍼센트가 스타일이나 취향이 맞지 않는다는 이유로 옷을 사놓고도 입지 않는다고 한다.[16] 패스트패션이 유행하면서 이런 경향은 한층 가속돼, 구매 후 라벨을 제거하자마자 뭔가 후진 것 같다고 느끼는 옷은 점점 늘어간다.

몸에 맞지도 않는 옷을 쌓아놓고 있다

보통 여성의 경우, 85퍼센트가 몸에 맞지 않는 옷을 가지고 있다고 한다. 시간이 흘러 체형이 변했는데도 좋아하는 옷만 고수하기 때문이다.[15] 이런 옷들 대부분은 바늘과 실, 그리고 노련한 재봉사가 기다리는 수선센터로 보내야 한다.

자원이 썩어가고 있다

여러 보고서를 참고로 하면, 지금
우리 옷장에 걸린 옷의 30퍼센트
가량은 최근 12개월 동안 한 번도
입은 적 없다. 돈으로 환산하면
약 41억 달러(약 4조 5,000억 원) 어치의
옷이 그냥 방치되는 셈이다.[17]
입지 않는 옷을 선별해 다른 사람에게
주는 등 최소한의 행동을 하지 않기
때문에 이 많은 천연자원이 옷장 안에
갇혀 썩어가는 것이다.

우리가 할 수 있는 일들

간단하고 작은 변화만으로 환경에
미치는 악영향을 줄이고 스타일과
매력을 극대화할 수 있다. '의식 있는
옷장'을 구축하는 첫 단계는 제대로
활용하지 않는 옷이 많음을 직시하는
일이다. 두 번째 단계는 보유한 의류
목록을 효과적으로 관리하는 것,
생활방식이나 취향이 변하여 스타일을
쇄신하기로 했다면, 시간을 투자하는
동시에 가진 옷을 아낌없이 내놓을
수 있는 관대하고 대범한 마음가짐이
필요하다. 그래야 입지 않고 옷장
안쪽에 처박혀 애물단지로 전락했던
옷들의 가치가 살아난다.
'옷을 보면 그 사람을 알 수 있다.'
이 말을 믿는 사람이라면 그에 걸맞은
행동을 하라. 우리의 옷이 우리의
진짜 모습을 보여주도록 먼저 옷장을
편집하자. 여기에 약간의 DIY 수선과
리스타일링, 재봉질, 리디자인을
더한다면, 환경에 부담을 주지 않고도
맵시 있는 스타일을 연출하는 옷장을
가질 수 있다. 옷 챙겨입는 아침이
여유로워지는 건 덤이다.

옷장 편집하기

말도 안 되는 이유를 대면서 옷을 보관하는 사람이 있다. '만일의 경우'라는
핑계가 가장 흔하다. 살이 빠지면, 혹은 특별한 날에 대비한다는 이유로 옷장 안을
채우기도 한다. 그 결과 카오스 상태가 된 옷장은 아무도 손 댈 수 없는 애물단지로
전락한다. 제아무리 노련한 패셔니스타라 할지라도 그런 옷장에서 맞춤한 아이템을
찾아내기는 어렵다. 이렇게 방치된 옷장은 결국 우리를 또다시 옷가게로 내몬다.
입을 만한 옷이 없다느니, 유행에 뒤처졌다느니, 핑계는 무궁무진하다.
반면 체계적으로 정리된 옷장은 소중한 옷들을 최대한 잘 활용하도록 해준다.
경제적으로든 환경보호라는 면에서든 유용할 뿐 아니라 패션의 측면에서도
매우 가치 있는 일이다. 그러니 옷장의 체계를 잡아 정리할 때 '바자회'처럼 옷을
진열하기보다 고급 '부티크boutique 매장'을 만든다고 생각해야 한다. 일단 그런
옷장을 만들어놓으면 매일 아침 옷장에서 '쇼핑'을 하듯 즐겁게 고르는
자신을 발견하게 된다.

1

원칙 없이 대충하지 말 것

옷장을 살펴보기 위해서는 시간이 필요하다. 최소한 3시간은 들여야 제대로 파악할 수 있다. 세상만사가 다 그렇듯 서두르면 원칙 없이 대충 의사결정을 하고 만다. 그러면 버려야 할 옷을 그대로 두거나 폐기처분을 제대로 못 할 수 있다. 친구에게 도움을 청하는 것도 요긴하다. 착하고 친절한 친구보다 엄격하고 믿을 만한 친구를 부르는 게 좋다. 그런 친구와 함께라면 옷장을 샅샅이 살펴 현재 상황을 파악하는 일을 보다 정확하고 즐겁게 할 수 있다. 꾸준히 관리하기 위해서는 6개월에 한 번씩은 옷장을 살펴보고 정리해야 한다.

2

싹 다 드러내라

빠짐없이 모든 것을 점검하기 위해서는 옷장 안을 싹 비워 한 곳에 쌓아놓는 일이 필요하다. 상자에 넣어두거나 창고에 처박아둔 옷가지도 모두 꺼낸다. 그러다 보면 잊었던 옷가지를 재발견할 수도 있고, 비슷한 옷과 스타일을 얼마나 반복해서 구매했는지도 눈에 드러난다(검은색 바지가 총 몇 벌인지, 꼭 필요한데 부족한 옷은 무엇인지…). 더불어 새로운 조합으로 옷을 스타일링할 수 있는지 여부도 파악할 수 있으니 일석삼조가 따로 없다.

3

4

하나하나 면밀하게

모든 옷을 꺼내 자신이 소유한 옷가지가 얼마나 되는지를 파악했다면 이제 하나하나 면밀히 살필 차례다. 전신거울 앞에서 옷을 모두 입어본 뒤 스스로의 모습을 확인해라. 옷걸이에 걸린 옷을 살피는 건 아무 짝에도 소용없다. 바지를 입고 뒤태를 거울에 비춰보는 현실 직시 시간은 필수다. 정말 마음에 드는지, 몸에는 잘 맞는지 자문하라. 최근에 입은 적이 있나? 오늘 당장 매장에 이 옷이 걸린 걸 본다면 구매할까? 옷을 '좋아'와 '싫어'라는 두 가지 범주로 구분해 쌓아놓자. 이때야말로 냉정해야 한다. 그렇지 않으면 결국 모든 옷을 옷장 안에 다시 우겨넣는 실수를 범한다.

'싫어' 범주 옷 다시 살피기

이제 '싫어'라고 분류한 옷가지를 다시 살피며 그동안 입지 않은 원인을 따져본다. 서둘러 내다버릴 필요는 없다. 그 옷에 새 생명을 부여할 가능성을 고려한다. 얼룩을 제거하거나 수선해서 다시 입을 수 있을까? 그 다음 '싫어'로 분류된 옷들을 재분류하자. 수선 및 세심한 관리가 필요한 옷가지(의류 관리 요령은 3장 참고)와 스타일링을 재고해야 하는 옷가지(82~85쪽 참고), 리디자인이 필요한 옷가지(100~107쪽 참고), 폐기처분할 옷가지(4장 참고). 이때도 엄격함은 필수다. 성대한 파티가 언젠가 열릴지 모른다든가, 체중을 10킬로그램쯤 금방 줄일 수 있다는 망상은 금물이다. 그래야 불필요한 옷들을 다시 쌓아두는 사태를 방지할 수 있다.

'좋아' 범주 옷 재분류하기

이제는 '좋아' 쪽 옷더미로 가자. 먼저 종류에 따라 분류한(바지, 치마, 상의 등) 다음, 색상별로 다시 정리한다. 옷장 안에 넣을 때도 마찬가지다. 체계를 잡아 잘 정리한 옷장은 예상 밖의 새로운 스타일링 영감을 우리에게 불어넣어준다. 부티크 매장처럼 스타일리시한 옷장은 매일 아침 우리를 손짓해서 불러내고, 옷을 차려입는 일은 고통스러움이 아니라 즐거운 일로 탈바꿈할 테니까.

계절별 분할

의상을 계절별로 구분해 보관하는 방법도 생각해보자. 그렇게 하면 옷장을 정리하고 편집하는 일을 훨씬 빠르게 해치울 수 있다. 접근성이 높아야 옷장을 최대한 활용하게 된다. 계절별로 옷을 구분해 보관하면 공간이 충분한 옷장 안에서 원하는 스타일링을 더 수월하게 해낼 수 있다(옷 보관 요령은 166~171쪽 참고).

7

기록하기

옷장 정리의 차원을 업그레이드하고
싶다면, 목록을 만들고 사진을 찍은 후
옷마다 라벨을 붙여둬라. '스타일북'
이나 '콘마리KonMari' 같은 스마트폰
어플리케이션을 활용해도 좋다. 자신이
무엇을 갖고 있는지 기록해놓으면
옷장 안의 내용물을 한눈에 파악해
효율적으로 활용하는 데 큰 도움이
된다. 이런 시스템은 특히 내용물을
한눈으로 보기 힘든 신발장이나 옷가방
속 물건에 적용하면 좋다.

8

전문가에게 도움 청하기

스스로 정리할 엄두가 나지 않는
상황이라면, 전문가의 도움을
받는 게 좋다. 대단한 옷장을 가진
유명인사만 전문가의 서비스를 받는
건 아니다. 비용도 생각보다 싸다.
스타일리스트나 정리 전문가에게 한
번쯤 서비스를 의뢰해보자. 나의 옷장
상태를 파악하고 유행하는 스타일을
연출하는 데 요긴하다. 옷 매칭 방법에
대한 조언도 들을 수 있다. 나만의
스타일을 파악하고 체형을 이해해
조언해줄 사람을 구해보자. 요즘은
온라인상으로도 이런 도움을 얻을 수
있으니까.

그레타 이건

미국을 중심으로 활동하는 스타일리스트 겸 메이크업 아티스트 그레타 이건^{Greta Eagan}은 《악마를 입지 마세요: 나의 옷장으로 세상을 변화시키는 방법》이라는 제목의 책을 펴내 화제를 모았다. 그녀는 자연주의 블로그 '미 그린^{Me Green}' 운영자이기도 하다.

또 〈탱크 매거진〉과 〈허핑턴 포스트〉에 글을 기고하는 한편, 케이트 스페이드^{Kate Spade}, 에일린 피셔^{Eileen Fisher}, 더 아웃넷^{The Outnet} 등 브랜드와 협업하면서 환경주의 패션 혁명을 선도하고 있다.

"나는 옷장 정리하는 걸 아주 좋아한다. 시간을 내서 오후 내내 옷장을 정리하곤 한다. 그럴 때 친구를 불러 '좋아' 옷가지와 '싫어' 옷가지를 구분하는 데 도움을 받기도 한다."

그레타의 옷장 정리 요령

계절에 맞춰 입는다

계절에 따라 교대로 옷장에 걸어놓으면
덜 어수선하게 느껴진다. 게다가 지금
계절에 적합한 옷들만 눈에 보이는
효과도 있다. 아침에 옷을 챙겨입거나
스타일 매칭하는 일이 간편해진다는
의미다. 계절과 맞지 않는 옷들은
별도의 수납공간에 넣었다가 때가 오면
다시 꺼내 입는다. 이런 수고로움은
철마다 완전히 새로운 옷장을 만나는
기쁨으로 보상받는다!

나를 행복하게 하는 옷만 간직한다

옷을 손에 들고 이 옷이 내게 기쁨을
안겨주었는지 자문해본다. 즉시
'그렇다'는 답이 떠오른다면 그 옷은
반드시 보관한다. 하지만 선물받았거나
비싸서, 또는 언젠가 몸에 맞을
것이라는 식의 대답이 떠오른다면
미련 없이 내려놓는다. 나는 이
방법을 정리전문가 곤도 마리에(일본의
정리전문가. 《인생이 빛나는 정리의 마법》
이란 책에서 '가슴 두근거리지 않는' 물건은
과감히 버릴 것을 제안했다)에게서 배웠다.
간단하고도 효과 만점인 정리법이다.

선택된 옷들은 체계적으로 정리한다

'좋아' 범주의 옷가지를 다시 옷장
안에 넣을 때 종류와 색상에 따라
체계적으로 분류하고 정리한다. 나는
셔츠를 먼저 걸어두고 그 다음 치마와
스웨터 등을 차례로 정리한다. 그러고
나서 걸어놓은 옷들을 다시 색상에
따라 분류해 정리한다(흰색, 베이지색,
오렌지색, 초록색, 파란색, 회색, 검정색,
갈색). 이렇게 하면 전체적인 패션 룩을
보완해주는 아이템을 선택할 때 일이
훨씬 더 쉬워진다.

그레타 이건은 정기적으로 옷장 정리를 지속하고 있다. 새로 마련한 옷을 식별하고
손쉽게 기존 옷과 매치해 연출하는 데 도움이 되기 때문이다(그녀의 정리 요령은 79쪽 참고).

"옷이란, 솜씨 있게 직조한 천을 배열해 몸에 걸친 것에 불과할 것이다.
그러므로 다르게 겹쳐 있는 것만으로도 옷은 완전히 달라 보인다."
—수지 로Susie Lau(패션 작가 겸 편집자)

리스타일하기

우리 모두 한 번쯤 목격했으며 심지어 내가 주인공이었을지도 모를 흔한 장면 하나. 가득 들어찬 옷장 앞에 선 여성이 소리를 지른다. "입을 옷이 없어!" 사실 우리 대부분은 너무 많은 옷을 갖고 있다. 엄연한 현실이다. 그럼에도 입을 옷이 없다고 오해하는 것은 무수한 선택지를 기쁘게 받아들이는 대신, 편리성을 스타일보다 우위에 두고 같은 옷을 매치해서 반복적으로 입기 때문이다.

옷장 앞에서 신경질 내거나 흥청망청 쇼핑하러 가는 대신, 우리 마음속에 살아숨쉬는 스타일리스트를 소환해보자. 이미 가진 옷을 리스타일링하고 액세서리를 매치해 새 생명을 불어넣어 보자. 패션 안전지대에서 벗어나 스타일의 지평을 조금만 넓히면, 매장을 방문하거나 더 많은 폐기물을 양산하지 않고도 우리의 패션은 한층 업그레이드된다.

"카디건의 단추를 채우고 허리를 묶으면 스커트와 같은 효과를 낸다.
드레스는 롱스커트로 바꿔볼 수 있다.
재킷과 코트는 어깨 위에 걸치거나 벨트로 허리를 조여
입으면 새로운 실루엣이 연출된다."
—수지 로Susie La(패션 작가 겸 편집자)

1

영감은 도처에 널려 있다

옷장 정리를 하다 안쪽에 처박아두고 잊었던 아이템을 발견했다면 이제부터 많은 아이디어가 필요하다. 스타일 잡지나 블로그의 글을 읽고, 사람들을 유심히 살피면서 아이디어를 얻는다. 존경하는 사람의 스타일을 응용하거나 무수한 온라인 안내 사이트에서 선보이는 룩도 참고할 수 있다. 이들 사이트에는 체형과 피부색, 라이프스타일에 맞춘 스타일링 조언이 수두룩하다.

2

연출법은 다양하게!

똑같은 아이템을 색다르게 연출하는 실험적 시도를 해보자. 셔츠 하나만 해도 바지 안에 넣어 입거나 길게 늘어뜨려 입거나 앞섶의 단추를 단정하게 모두 잠그거나 소매를 걷어 올려 연출할 수 있다. 청바지 바짓단을 걷어올리거나 핀으로 바짓단을 고정시켜 입을 수도 있다. 아이템의 고유한 기능에 매여 생각을 제한하지 말 것. 드레스를 스커트로, 혹은 상의로 입는 시도를 해본다. 겹쳐입기를 통해 새로운 옷처럼 연출하고, 비율을 달리 해서 색다른 스타일로 연출할 수 있다. 어깨 끈 없는 드레스 아래 셔츠를 받쳐 입으면 겨울에 적합한 옷차림이 된다.

멋들어진 믹스매칭

프린트가 있는 옷과 강한 색상의
옷을 함께 입으면 개성 넘치는 룩이
연출된다. 과감한 패턴이 충돌하면서
의외로 멋진 룩이 완성되는 것이다.
다른 패턴이되 색상이 같거나 크기가
다른 무늬를 믹스매치해도 좋다.

기록을 남겨둔다

실험적인 스타일링을 시도하고
그 다양한 결과물을 사진으로 찍어
나만의 '룩북'을 만든다. 다양한 패션
코디네이션을 목록화할 수 있어서
좋다. 잘 정리해놓으면 아침에 옷
입는 일을 순식간에 해치울 수도 있다!
기록하고 정리하는 과정을 한 단계 더
업그레이드하고 싶다면 옷장 활용을
도와주는 스마트폰 어플리케이션을
이용해 자신의 옷을 목록화한 뒤
기록으로 남겨둔다.

액세서리 효과 극대화하기

같은 옷도 하이힐을 신는가 플랫슈즈를
신는가에 따라 느낌이 달라진다.
새하얀 셔츠도 개성 넘치는 커다란
목걸이를 더하면 활기찬 룩이 된다.
티셔츠에 독특한 스카프만 둘러도
스타일 지수는 한층 올라간다. 품질
좋은 기본 아이템에 허리띠, 목걸이,
타이즈, 신발 등을 매치하면 리스타일
효과는 극대화된다.

내 몸에 맞게 수선

대부분의 옷장 안에는 주인의 몸에 맞지 않는 옷들이 잔뜩 쌓여 있다. 재단사의 전문적인 손길이 없다면 속수무책인 옷들. 우리의 잘못만은 아니다. 대량생산품부터 잘 만들어진 고급 의류에 이르기까지, 모든 현대 의류제품은 표준 신체사이즈에 맞춰 재단된다. 한데 이 표준 신체사이즈가 브랜드마다 제각각이다. 그러므로 특정 브랜드의 피팅 모델과 판박이 신체를 가진 게 아니라면 완벽하게 맞는 옷을 갖기란 불가능하다.

우리는 재단사를 잘 찾지 않는다. 저렴한 옷을 몸에 잘 맞도록 고치겠다고 비용을 쓰기가 망설여지기 때문이다. 하지만 몸에 착 감기는 옷장을 구축하려면 재단사의 전문성이 필요하다. 적은 비용만으로 재단사는 우리 몸에 잘 맞으며 오트쿠튀르^{haute couture}(고급 주문복) 느낌 나는 옷을 안겨줄 것이다. 옷이 몸에 잘 맞을수록 맵시와 착용감도 살아난다. 자연히 그 옷은 더 자주 입는다. 옷장 레퍼토리의 필수조건에 재단을 포함시키자. 지속가능성 높은 패션 접근법일 뿐 아니라 내 몸의 곡선미를 뽐내는 지름길이다.

이상적인 맞음새 파악하기

무엇보다 먼저 이상적인 맞음새^{fit}
를 파악하자. 거울 앞에서 옷을 입고
허리선 및 옷의 단이 어디에 오는지를
살펴본다. 허리선이 지나치게 조이거나
(몸통 주변에서 끼이고 조이는 정도)
헐겁지 않은지(헐렁하거나 축 처진 옷은
체형을 감추기만 한다) 등등. 재킷의 경우
어깨를 자유롭게 움직이기 힘들거나
겨드랑이 부분 혈액순환을 막을 정도는
아닌지 살펴본다. 몸에 맞지 않는
부분이 어디인지 파악했다면 핀과
클립을 이용해 수선으로 상태를 개선할
수 있는지 확인한 뒤 재단 작업 여부를
결정해야 한다.

재단이 필요한 옷가지 검토하기

이제 수선해서 입기로 한 옷가지를
면밀히 검토해 돈을 투자할 가치가
있는지 살펴볼 차례다. 몸에 완벽히
맞는다면 더 많이 입을까? 품질
좋은 원단을 사용했나? 수선비용은
얼마나 들까? 일반적으로 가장
간단한 수선(저렴한 수선)은 옷단과
솔기를 고치는 경우다. 옷을 더 크게
만들기 위해서는 솔기가 넉넉한지
확인해야 한다. 안감을 교체하는
작업은 조금 더 복잡하다. 허리선을
위 아래로 조정하거나 재킷의 어깨를
좁히는 작업도 만만치 않다. 울이나
데님처럼 두껍고 튼튼한 원단이 실크나
벨벳보다는 수선하기 수월하다. 통상
간단한 수선은 13달러, 정장의 경우
작업 경중에 따라 50~65달러 가량
든다(한국의 경우 최하 2,000원에서 최대
10여만 원까지 비용이 든다).

솜씨 좋은 재단사를 찾아라

좋은 재단사를 만나는 일은 아주
중요하다. 특히 소중한 옷을 맡겨야
한다면 더더욱. 집에서 가깝다고
혹은 비용이 싸다고 덜컥 맡기지
말고 잘 하는 재단사를 찾아야 한다.
재단사(수선사)의 기존 작업 결과물을
확인해보는 것도 필요하다. 가격과
작업 완성도를 비교해보자. 가격에만
매몰돼서는 안 된다. 저렴한 수선집의
재단사가 뛰어난 솜씨를 지녔거나
정반대인 상황이 생긴다. 수선실
딸린 의류매장도 검토대상이다. 멀리
가지 않고도 편리하게 이용할 수 있기
때문이다.

수선할 부분 의논하기

재단사를 찾았다면, 자신이 생각하는
수선 방향에 대해 소상히 말한다.
솔기나 어깨끈 위치를 조정하는 등
간단한 작업이 아니라면 피팅 작업을
요구한다. 최상의 결과를 얻기 위한
필수코스다. 재단(수선)을 처음 하거나
옷의 이상적인 맞음새에 대해 확신이
없더라도 걱정할 필요 없다. 훌륭한
재단사(수선사)라면 무엇이 문제이며,
어떻게 수선해야 할지 이미 알고 있을
테니까.

직접 해본다

옷단이나 솔기 수선처럼 간단한 작업은
직접 해본다. 재봉을 가르쳐주는
인터넷 사이트에서 도움을 받아도
좋다. 유튜브는 훌륭한 정보원이다.

"훌륭한 재단은 옷이 내게 맞도록 공들이는 가장 확실한 방법이다. 오늘날
여성들은 몸에 딱 맞아떨어지는 옷을 원한다. 멋진 룩을 연출해 착용감을
높이고 더 오래 입기 위해 나와
많은 여성들은 재단사를 찾는다."

—에린 물레니Erin Mullaney(패션 및 리테일 컨설턴트)

DIY

즐겨 입던 옷이 유행에 뒤처지거나 얼룩이 생기거나 낡거나 더 이상 몸에 맞지 않아 낙담한 경험은 누구에게나 있다. 얼핏 폐기처분 외에 달리 방도가 없는 듯 보여도 거액을 주고 장만했거나 추억이 깃든 옷이라면 그 실망감은 더 크다. 그럴 때 필요한 게 바로 DIY 패션이다. 집에서 패션을 업데이트하는 진정한 패셔니스타의 해법이다. DIY는 지구를 구한다. 그게 아니라도 최소한 문제의 옷은 구할 수 있다. 패션을 사랑하는 사람이라면 누구든 관심을 갖는 DIY. 이를 통해 낡은 옷을 새옷으로 변신시키고, 독특한 룩을 연출할 수 있다. 비용도 저렴하며, 지구를 희생시키지 않고도 하이패션 스타일을 뽐내는 게 가능하다. 게다가 무언가를 만들어냈다는 충족감, 소중한 자원을 재사용해 패션 잠재력을 마음껏 발휘한다는 보람까지 느낀다.

"DIY는 자신만의 개성을 구현하는 완벽한 방법이다.
유행하는 트렌드를 따르되 자신만의 버전으로 업그레이드할 수도 있다.
적은 돈으로 독특한 룩을 연출하고 싶다면 DIY를 하라."
—제니 라도비치 Jenni Radosevich(디자이너 겸 'I Spy DIY' 창립자)

시간을 갖고 천천히…

수선 프로젝트를 서둘러 진행하면
재난 수준의 결과물을 손에 쥘 뿐
아니라 신경이 너덜너덜해지는 처참한
상황과 맞닥뜨릴 수도 있다. 서투른
가위질로 옷을 망쳐버려서 본래
옷보다 더 보잘것없게 만들기 일쑤다.
그러니 시간을 갖고 찬찬히 생각한
후 새로운 수선기법을 시도해보자.
신중하게 하다보면 조금씩 잘라내거나
구슬장식을 덧붙이는 등 간단한
작업만으로도 큰 보람이 뒤따른다.
바느질을 하지 않고도 얼마든지 옷을
바꿀 수 있다. 글루건과 약간의 용기만
있으면 되는 일이 꽤 많다.

후보작들 찬찬히 살펴보기

옷장을 정리하는 동안 입을 수 없는
옷가지를 이미 찾아놓았을 것이다
(72~77쪽 참고). 아니면 옷장을
샅샅이 뒤져 DIY 도전자를 물색한다.
후보작들을 골랐다면 각각의 옷이 지닌
장점을 떠올려본다. 프린트 패턴은
마음에 드는데 모양새가 별로인가?
스타일은 좋은데 색상이 영 아닌가?
추억이 깃든 옷이지만 몸에 맞지
않는가? 고급 원단인데 시대에 뒤처진
스타일인가? 여기저기 얼룩이 졌는가?
이런 식으로 자문하고 답을 찾다보면
나만의 DIY 프로젝트 특성과 난이도에
대한 밑그림이 나온다.

3

결과물의 상은 분명하게!

DIY 프로젝트 후보작이 결정되면,
원하는 결과물의 상을 정확하게
세운다. 처음에는 소박한 프로젝트로
진행하는 게 좋다. 그러다가 자신감이
붙으면 일을 크게 벌인다. 패션잡지나
블로그, 다른 사람의 옷에서 힌트를
얻은 후, 완성된 옷 형태와 기능성을
마음속에 그려본다. 도움을 얻을
수 있는 정보원은 도처에 널려 있다
(96~99쪽 참고). 혹은 단계별로 친절히
안내해주는 책과 동영상을 참고하자.
단, 다른 사람을 맹목적으로 따라
하는 건 금물. 패션의 핵심은 즐거움과
실험정신이다. DIY 역시 마찬가지다!

4

도구 챙기기

DIY 작업에는 도구가 필요하다.
잘 드는 가위와 바늘, 실, 접착제,
다양한 색상의 염색약은 죽어가는
옷을 소생시키는 데 필요한 최소
도구들이다. 단추나 레이스, 천조각도
자주 쓰인다. 새로운 도구를 사러
나가는 대신 쓸 만한 후보들이 주변에
있는지 확인한다. 의외로 많은 게
집에 숨어 있다. 고장난 목걸이는
구슬장식으로, 낡은 드레스와
식탁보에서 떼어낸 레이스로 옷단을
장식할 수 있다. 가족이나 지인에게
필요 없는 리본이나 단추, 실이 있는지
물어봐도 좋다. 그렇게 하고도 얻지
못한 도구는 잡화점이나 온라인
매장에서 구하면 된다.

원단 선택

손질할 원단에 대해 잘 알아야 한다.
초보자라면 면이나 폴리에스터로
시작하는 게 좋다. 미숙련자의 손길도
너그럽게 받아주기 때문이다. 실크나
레이스 같은 천들은 바느질하기
까다롭다. 미끄럽고, 자칫 자글자글
주름이 잡히기도 한다. 가죽이나
데님처럼 두꺼운 소재도 초보자가
다루기엔 벅차다. 바늘로 천을 뚫는
것조차 힘들다. 하지만 세상만사
다 그렇듯 인내심과 적당한 도구를
준비하고 노력하면, 원하던 결과를
얻는다. 그렇게 몇 번의 프로젝트를
수행하면 대다수 원단을 능숙하게
다루는 노련한 DIY 패셔니스타로
거듭난다. 천 조각으로 연습을 하다
자신감이 생기면 진짜 옷과 맞붙어볼
것을 권한다.

관리법을 고려할 것

프로젝트를 마친 후 최종 결과물을
어떻게 관리할지도 고려해야 한다.
'내 손으로 다시 만든' 옷이 세탁
바구니에서 복잡한 생을 마감하거나
옷장 안에 다시 처박히기를 원할
사람은 없다. 섬세한 원단과 거친
원단을 뒤섞은(실크와 데님의 조합처럼)
경우 세탁할 때마다 각 부분을 달리
취급해야 한다. 스팽글을 덧붙였다면
빨래가 조심스러울 수밖에 없다.
색상을 달리 조합한 경우에도 서로
물이 들면 곤란하다. 흰색 드레스에
진청색 옷단을 덧댄다면 마음 편히
세탁을 할 수 있겠는가?

7

가위 다루기

가위는 누가 드느냐에 따라 옷의 친구이거나 원수가 될 수 있다. 물론 신중하게만 다룬다면 경험 없는 초보 작업자의 손에서도 훌륭한 결과물이 나온다. 트렌치코트가 크롭재킷으로 변신하고, 찢어진 청바지가 핫팬츠로 탈바꿈할 수도 있다. 가게에 가지 않고도 새로운 패션을 득템하는 순간이다. 단, 불변의 진리가 있다. 치수를 재고 길이를 가늠하는 건 여러 번 가능하지만, 가위질은 단번에 끝내야 한다는 것. 원단을 깔끔하게 재단해주는 재봉용 가위는 필수품이다. 집에서 흔히 쓰는 가위를 사용한다면, 귀중한 원단을 난도질하는 불상사를 겪을 게 뻔하다. 좋은 가위를 마련하지 않았다면 제대로 된 DIY 프로젝트 성공은 요원하다는 사실을 명심하자.

8

장식으로 업사이클링!

구슬이나 징, 판박이, 패치(덧대는 장식)를 활용하는 건 스트레스 없이 낡은 옷을 재활용하는 좋은 방법이다. 얼룩진 곳이나 수선이 불가능할 정도로 상한 부분을 가리는 데도 유용하다. 평범한 윗옷에 구슬이나 징 장식을 덧대보자. 낡은 재킷은 길이를 달리 하거나 패턴 있는 패치 주머니를 덧대 새로운 옷으로 재탄생시킨다. 단추를 바꾸거나 스팽글로 단 처리만 해도 구닥다리 옷이 21세기 패션 아이템으로 부활한다. 효율성은 높고 비용은 낮으며 작업은 간단하다!

9

염색을 허하라

생기를 잃은 채 시들어가던 낡은
옷을 가장 빠르게 구원하는 방법은
염색이다. 창의성이 있는 사람이라면
침염이나 홀치기염으로 독특한 색상을
연출해도 좋다. 단, 반드시 친환경
염색법을 이용해야 한다. 비트에서
강황에 이르기까지, 주방에서 구할
수 있는 천연재료 염색법이 많다.
천연염색을 위해서는 식물성 소재를
다지고 물을 첨가한 후 열을 가해
색소를 추출하면 된다. 색소를 원단에
착색시키기 위해 소금(열매 기반 염색의
경우)이나 식초(풀 기반 염색의 경우)를
사용하면 물이 잘 빠지지 않는다. 천연
염색 관련 동영상을 찾아 참고하라.

10

관건은 마감이다

마감을 어떻게 하느냐가 DIY
프로젝트의 성패를 좌우한다. 시간을
충분히 확보해 마감을 위한 재봉질
(바느질)을 꼼꼼하게 할 것. 훌륭한
마감이 고급 제품을 만들어낸다.

제네바 밴더제일

홍콩과 호주를 기반으로 활동하는 작가 제네바 밴더제일^{Geneva Vanderzeil}은 DIY 패션에 대한 자신의 열정을 기록하기 위해 블로그 '어 페어 앤 어 스페어^{A Pair & A Spare}'를 시작해서 인기를 끌었다. 그리고 이 블로그는 점차 규모를 갖춘 성공적 라이프스타일 사이트로 발전하기에 이른다. 이 사이트에서 제네바는 DIY 튜토리얼 (교육), 패션 아이디어, 여행 팁, 비지니스 조언을 공유한다. 중고품 할인매장에서 산 옷을 캣워크나 텔레비전에서 소개할 정도의 옷으로 탈바꿈시키기도 한 제네바는 코치, 메리어트, 비자와 협업 프로젝트를 진행했고, 《DIY 패셔니스타》라는 책도 썼다.

"나는 패션 아이템에 새 생명을 불어넣는 창의적 접근법인 DIY의 열혈 팬이다. DIY는 추억과 개성을 드러내는 자신만의 패션을 완성하기에 좋은 방법이다. 세련되고 맵시 있게 옷을 입는 동시에 환경을 생각하는 활동이기도 한다."

제네바의 DIY 요령

어디서든 영감을 얻는다

나는 잡지나 캣워크 컬렉션, 길거리
패션을 열심히 공부한다. 이런 곳에서
얻은 영감을 내 옷에 어떻게 접목할지
고민한다. 이런 식으로 아이디어를
모아두면, 매일 새옷을 사느라 카드를
긁어대지 않고도 세련된 패션을 뽐낼
수 있다.

장식물 추가

장식물을 추가하는 것은 DIY의
시작점이자 최소한의 노력으로 최상의
효과를 내는 좋은 방법이다. 징이나
구슬, 레이스를 덧붙이는 것만으로
옷을 완벽하게 탈바꿈시킬 수 있다.
원하는 것은 무엇이든 옷에 붙여보자.
이 작업은 심지어 재미있다!

마감에 집중하기

내가 생각하는 DIY 최고의 비결은
마감에 집중하는 것. 단정하고 단단한
바느질(또는 접착)로 마감한 옷은 오튀
쿠티르에 가까운 느낌을 준다. 옷단과
가장자리에 특별히 주의를 기울일 것.
인내심을 가지고 디테일에 주의하는
훈련을 하면서 마감 손질에 최선을
다한다.

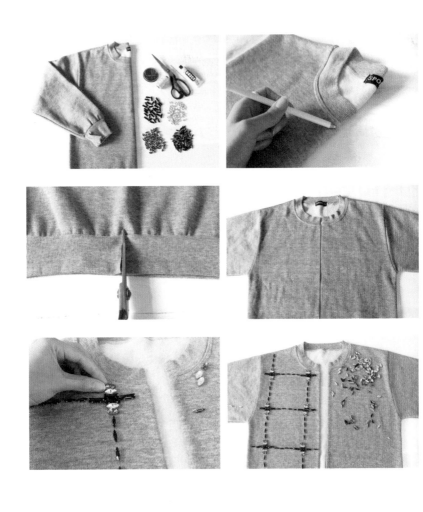

제네바가 만든 라인석rhinestone(모조 다이아몬드) 보머 재킷을 만들기 위해서는 라운드 네크라인
스웨트셔츠와 라인석, 접착제, 가위, 바늘, 실이 필요하다. 먼저 스웨트셔츠 가운데를
초크로 표시하고 가운데 부분을 잘라낸다.

절단면을 핀으로 고정하고 바느질(손바느질을 해도 좋고 재봉틀을 사용해도 좋다)을 한 다음
창의력을 발휘해 라인석으로 패턴을 만들어 접착제로 붙인다. 그러면 DIY 작업 끝!
(제네바의 DIY 요령을 더 알고 싶다면 97쪽 참고).

리디자인하기

단을 올리거나 구슬 장식을 다는 것만으로는 소생이 불가능한 구제불능의 옷들도 많다. 소중한 추억이 깃들거나 큰돈을 투자해 장만한 옷이 이런 지경이라면 최선을 다해 되살릴 방도를 구해야 한다. 이런 상황에서는 재단 기술만으로 문제를 해결할 수 없다. 디자인 자체를 새롭게 바꾸는 걸 고려해야 한다. 직접 디자인하거나 프로 디자이너의 도움을 받아 리디자인Redesign해서 새로운 패션 아이템으로 회생시킨다. 리디자인은 되돌릴 수 없을 정도로 큰 일이기 때문에 100퍼센트 확신이 서기 전에는 섣불리 나서지 않아야 한다. 최종 재단은 그야말로 돌이킬 수 없는 최종 결과물이 되기 때문이다.

"나는 여러 해 동안 믿을 수 있는 재봉사와 함께 작업하면서 아끼는 옷을
새롭게 디자인해 박수갈채를 받는 공연의상으로 만들어냈다. 나는 이런
작업이야말로 예술이라고 생각한다."
—샌디 람Sandy Lam(가수)

적합한 후보 물색하기

옷장을 샅샅이 뒤져 리디자인할
아이템을 물색한다. 그리 어려운
작업은 아니다. 추억이 깃들거나
원단이 좋고 프린트가 돋보이는 등,
특색 있는 아이템을 고르면 된다.
후보로 선택한 옷을 놓고 어디가
마음에 드는지 곰곰이 따져본다.
소재가 고급한 옷이라면 스타일을
바꿔서 입으면 된다. 드레스 레이스나
어머니 셔츠에 사용되었던 프린트,
할머니의 코바늘 뜨개질처럼 특징을
살릴 장점이 있다면 새로운 아이템으로
변신시키기에 더욱 좋다.

아이디어 수집하기

잡지나 블로그에서 영감을 얻되
트렌드를 넘어서는 스타일을 선택한다.
리디자인한 옷이 유행을 타지 않게
하는 확실한 방법이다. 어떤 아이템이
좋을지 생각해보자. 애초의 용도에
매여 한계를 지을 필요는 없다.
할머니가 입었던 무도회용 드레스가
깜짝 놀랄 만큼 아름다운 상의로
변신할 수도 있다. 자선행사에서 고른
중고 옷을 최신 유행 스타일로 바꾸지
못할 이유가 어딨겠나? 가능한 많은
정보를 수집하자. 가위질을 시작하거나
디자이너에게 조언을 구하기 전에
자신이 원하는 방향을 분명히 정리해둘
필요가 있다.

3

혼자서도 잘할 수 있다

기술이 있다면 혼자서도 가능하다.
다만 가위를 집어들기 전에 전체적인
계획을 철저히 세울 것. 입던 옷으로
하는 작업은 새 원단으로 하는 것과
전혀 다르다. 옷을 각 구성요소 별로
해체한 후에도 재단과 솔기의 흔적이
남는다. 손상되거나 얼룩진 부분에
대해 조치를 취하고 그 부분을 피해
작업해야 할 필요도 있다(의류 관리법은
3장에서 자세히 살펴본다). 지레 겁먹거나
기죽을 필요는 없다. 그 부분을 단점이
아니라 독특한 특징으로 변모시킬 수
있기 때문이다. 리디자인 작업지침이
필요하다면, 온라인에서 패턴을
찾아보거나 인근 수선집, 세탁소에
물어보면 된다. 재봉 관련 강의를
수강하는 것도 적극 추천한다.

그리고, 전문가 찾아가기

점점 더 많은 디자이너가 리디자인에
몰두하면서 런웨이에 세워도 손색없는
리폼 옷을 선보이는 추세다. 사는
곳에 따라 이런 디자이너를 만나는
방법은 달라진다. 인근에 공방이나
패션스튜디오가 있다면 직접
찾아간다. 온라인에서 의류 재활용이나
업사이클링, 수선집을 검색해도 된다.
패션디자인 학교가 근처에 있다면
유망한 예비 디자이너를 물색해도
좋다. 그들에게는 경험을 쌓을 기회가
절실하다. 그러나 내가 원하는 바를
분명히 알고 있다면, 재봉사에게
의뢰하는 게 최고다. 디자이너의 경우,
그의 개성과 내 생각이 달라 자칫
의견충돌이 발생할 수 있기 때문이다.

요한나 호

패션디자이너 요한나 호 Johanna Ho는 지속가능한 디자인에 대한 열정으로 가득하다. 그는 의류 복원부터 패션 폐기물을 만들지 않는 작업에 이르기까지 다양한 디자인 활동을 전개한다. 센트럴 세인트 마틴스에서 학업을 마친 요한나는 런던패션위크에서 자신의 첫 번째 컬렉션을 선보였다. 그녀의 작품은 런던의 브라운스 Browns, 셀프리지 Selfridges, 해러즈 Harrods와 홍콩의 하비 니콜스 Nichols, 라이거 Liger에서 판매될 뿐만 아니라 직접 운영하는 온라인 매장에서도 만날 수 있다. 반스, 버켄스탁, 레인 크로퍼드와 협업을 진행한 요한나는 기네스 팰트로, 라나 델 레이, 힐러리 취, 천이쉰과 같은 셀럽들의 추앙을 받고 있다.

"불필요한 옷을 폐기처분 직전의 물건이라고 치부하지 마라. 특유의 창조성으로 옷을 새롭게 고쳐내는 디자이너와 함께 일한다면, 모두가 탐내는 작품으로 탈바꿈한다. 나는 여러 해 동안 친구들의 헌옷을 고쳐서 근사한 명품으로 변신시키는 작업을 해왔다. 친구들은 콘서트 무대나 패션쇼의 맨 앞줄에서 그 옷을 입었다."

요한나의 리디자인 작업 요령

모두 다 구해낼 수는 없다

리디자인은 옷의 가치를 평가하는
것부터 시작한다. 애써 고쳐볼 만한
옷인지 아닌지를 고려하자. 경제적 ·
정서적으로 리디자인할 가치가 있거나
고급 원단이거나 정서적 유대감을 주는
옷들이 바로 그 후보다.

새로운 용도를 마음속에 그린다

드레스로 치마를 만들고 싶은가?
스커트를 치마바지로 바꾸고 싶은가?
고치려는 옷의 새로운 기능과 형태,
스타일을 마음속에 그려본 뒤 이를
디자이너에게 구체적으로 전달한다.
그래야 몇 년이고 애용할 만큼 마음에
드는 옷으로 재탄생한다.

예산에 맞춰 리디자인!

창의적인 방식으로 의류 복원을 잘
해내는 디자이너는 많다. 그러므로
부자나 유명인사만 디자이너와
일한다는 편견은 버릴 것! 조금만
노력하면 디자이너에게 작업을
의뢰하는 일은 의외로 수월하다.
온라인이나 지역게시판에서 '맞춤옷'
'의류 복원' '주문 제작' 같은 문구를
내건 광고를 찾아본다.
인근 패션학교에 찾아가
신예들을 만나는 것도 좋다.

패션디자이너 요한나 호는 안 입는 옷을 리디자인해 '새로운' 의상으로 변모시키는 데 천재적이다.
그는 캣워크에 선보여도 손색없는 기발한 옷들을 만들어낸다(요한나의 요령은 105쪽 참고).

케이티 존스Katie Jones는 자신의 이름을 딴 니트웨어 레이블에서 쾌활한 미감과
진지한 윤리의식을 결합시켜낸다. 케이티와 그녀의 어머니를 주축으로 하는 디자인 팀은 기존 의류
생산라인에서 발생한 여분의 천을 이용해 제품을 만든다.

관리

우리의 현실

우리는 자신도 모르는 사이, 옷을 소중히 관리하는 데서 서서히 멀어져 재빨리 처분해버리는 쪽으로 이동해왔다. 이런 퇴보는 소비지상주의와 밀접하게 연결된다. 새옷을 사는 편이 옷을 관리하는 것보다 우세해지면서 세탁과 재봉, 보관 등 의류 관리기술은 한물간 것이 되었다. 이제 우리 대부분은 바늘에 실을 꿰기는커녕 바늘이 어디 있는지도 모른다.

관리를 하지 않을 뿐 아니라 설상가상 매일 세탁을 해대면서 옷을 상하게 한다. 편리성과 속도를 높이고 완벽함을 기한다는 명목 아래 우리는 옷걸이 대신 빨래바구니에 옷을 던진다. 우리 대부분은 습관적으로 과잉 세탁을 한다. 냄새나 작은 얼룩을 없애겠다면서 삶고 표백하고 세탁기와 건조기에서 뒹굴게 만드는 것은 옷을 상하게 만드는 원흉이다. 세탁기를 끊임없이 돌려 에너지를 낭비하고, 비누거품을 대량 방출해 자연환경까지 해친다. 세탁기에서 꺼낸 옷을 곧바로 회전식 건조기로 보내는 건 물기뿐만 아니라 섬유 조직까지 제거하는 행위다. 건조기의 필터에 달라붙는 보풀이 다 어디서 오겠는가? 그런가 하면 드라이클리닝을 하는 세탁소에서는 유해한 화학 용액이 담긴 통에 옷을 담근다. 이름대로 건조하게 세탁하는 게 아니라는 말이다!

의류 관리에 무지한 사람이 늘면서 세탁법이 망가지고, 간편한 수선법을 알지 못하면서 의류제품 수명이 짧아져 재활용 등 선순환은 일찌감치 사라졌다. 손상된 옷감을 수선하거나 미연에 방지하지 못하면 단순히 옷이 상하는 것 이상의 문제가 발생한다. 자연환경과 사람들에게 악영향을 미치는 것이다. 옷의 수명주기가 짧아질수록 의류 생산과 과소비는 부채질된다. 의류 관리를 제대로 하지 않는 건 쓰레기 매립지를 가득 채운다는 의미에서 나아가, 천연자원이 소모되고 오염원이 수로와 생태계에 지속적으로 유입된다는 뜻이다. 옷을 제대로 입고 관리하는 건, 그래서 중요하다.

지금 우리가 알아야 할 것들

세탁 방법이 중요하다

원단을 생산·가공해 옷을 만든 후 사람이 입고 세탁하다가 결국 폐기에 이르는 의류상품 수명주기 전반은 환경에 미친다. 이렇게 환경에 미치는 영향 중 70~80퍼센트는 세탁과 건조 과정에서 발생한다.[18]

세탁은 옷을 상하게 한다

한 설문조사에 따르면 응답자의 10퍼센트가 입지 않는 옷이 생기는 이유로 얼룩이 지거나 색이 바래거나 세탁 과정에서 모양이 틀어지고 줄어든 것을 들었다.[19] 그 결과 수백만 벌의 옷이 제 수명을 다하지 못한 채 현역에서 물러나는 비운을 맞이한다.

물과 에너지가 너무 낭비된다

우리는 청결 결벽증 세대다. 조사에 따르면 미국의 평균 가정에서는 일주일에 여섯 번 세탁한다.[20] 세탁은 많은 물과 에너지를 필요로 한다. 전형적인 가정 용수의 20퍼센트가 세탁에 사용된다. 세탁기는 에너지 집약적인 기기다. 세탁기에서 사용하는 에너지의 90퍼센트는 물을 데우는 데 쓰인다. 우리가 세탁을 10퍼센트만 줄여도 이산화탄소 방출 양은 2.6퍼센트 감소한다.

화학물질이 환경을 오염시킨다

세탁 세제와 유연제의 성분 표시를 살펴보면 로릴황산나트륨 Sodium Lauryl Sulfate, SLS처럼 복잡한 이름을 지닌 화학물질 목록이 죽 나열된다. 이름만큼이나 무시무시한 성분들이다.[21] 이런 화학물질이 세탁 오수와 함께 수로로 쓸려 내려가 환경을 오염시킨다. 또 옷에 잔류해 우리의 피부에 악영향을 미친다.

유독한 드라이클리닝

전통적인 드라이클리닝은 환경에 심각한 영향을 끼칠 뿐 아니라 옷을 손상시킨다. 드라이클리닝에 가장 흔하게 사용되는 화학물질은 '퍼크perc'라는 약칭으로 불리는 퍼클로로에틸렌이다. 이 물질은 환경에 부정적인 영향을 미칠 뿐 아니라 건강에도 매우 유해하다.[22]

수선하지 않는 옷들

바늘과 실을 꺼내 단추를 달고 솔기를 고치는 것은 이제 옛말이 되었다. 한 설문조사에 따르면 응답자의 3분의 1이 옷 수선에 필요한 시간과 기술이 있다면 지금까지 입지 않은 채 쌓아두었던 옷들을 좀 더 많이 활용할 수 있을 거라고 응답했다.[23] 수백만 벌의 옷이 한 번도 사용되지 않은 채 옷장 뒤쪽에서 시들어가고 있다!

내가 할 수 있는 일

의류 보호와 관리가 늘 간단한 것만은 아니다. 얼룩 제거에 효과적이라고 선전해대지만 실은 환경오염 물질 덩어리에 불과한 세제들이 슈퍼마켓 선반에 가득하다. 설상가상 원단 색상만큼이나 다양한 관리 지침이 라벨에 붙는다. 오늘날 생산되는 많은 옷은 품질이 떨어진다. 좋지 않은 옷임에도 관리는 얼마나 까다로운지…. 그렇더라도 수선과 수납만 잘 하면 오랫동안 깨끗하게 옷을 입을 수 있고, 쓰레기 매립지로 가는 걸 늦춰 돈도 절약한다. 그리하여 우리는 더 나은 품질의 옷에 돈을 투자하게 된다. 더불어 지구환경을 지키는 패셔니스타로 거듭나는 셈이니, 윤리적인 패션의 후광이 우리 삶 전반을 비추어줄 것이다. 의류 관리를 위한 여러 습관을 몸에 익히자. 세탁과 수납, 수선법을 파악해 내 옷장에 걸린 옷들에 하루 빨리 적용하자.

관리 방법 이해하기

슈퍼모델이든 과학자든 상관없이 모든 사람의 옷은 얼룩이 지고 주름이 잡히고 찢어지고 심지어 냄새가 배어 못 입는 상황에 직면한다. 의류 관리와 관련 기술을 알지 못하는 사람이라면 그런 옷들을 냉큼 버리고 새옷을 장만한다. 사실 제일 흔한 대처법이다. 하지만 늘 새옷을 장만하는 것으로 대처한다면, 문제가 이만저만이 아니다. 기본적인 의류 관리법만이라도 이해한다면 옷이 잘못되는 걸 미연에 방지하고 더 오랫동안 맵시 있게 입을 수 있다. 어디 그뿐인가? 사려 깊고 센스 있는 패피로서, 돈과 시간을 아끼고 나아가 우리 지구를 구하는 일도 할 수 있다.

"지속가능성 높고 아름다운 옷감을 만들기 위해 애쓰고 있다. 그런데 그런 옷감들이 잘못된 관리로 인해 손상되는 걸 보면 마음이 몹시 아프다. 옷 관리를 잘 해야 한다. 그렇지 않으면 원단을 지속가능한 방법으로 생산해 지구를 보호하고자 하는 우리의 노력이 배수구로 쓸려 내려가는 꼴이 되고 만다."
—지우지 베토니Giusy Bettoni(C.L.A.S.S.Creativity Lifestyle and Sustainable Synergy 창업자 겸 CEO)

원단을 이해하라

우리 옷은 다양한 원단으로
만들어진다. 원단에 따라 각기 다른
관리를 해줘야 한다. 상표를 확인하는
것부터 시작해보자. 울이나 실크 같은
천연섬유는 세심한 관리가 필요한 반면
폴리에스터와 나일론 등 합성섬유는
조금 더 튼튼하기 때문에 편하게
관리할 수 있다. 여기에 혼방직물이
있다. 신축성 좋은 인조섬유인
라이크라의 경우 면과 혼방해 다양하게
쓰이고 있다. 면에 실크를 혼방하면
럭셔리한 분위기가 연출되기도 한다.
혼방직물로 만든 옷은 섬세한 관리를
요하는 섬유처럼 관리해야 한다.

의류 취급표시 공부하기

의류 관리의 가장 기본은 옷에 붙은
라벨을 확인하는 것이다. 제조자가
붙여놓은 라벨에는 원단 유형이 적혀
있어서 상품 수명을 연장하는 데
도움이 된다. 라벨에 적힌 기호들은
세탁과 건조, 다림질 방법을 안내하고,
폐기와 수선에 관해 알려준다. 하지만
브랜드에 따라 의류 관리지침을
과도하게 표기하는 바람에 불필요한
드라이클리닝을 맡기기도 한다.
사실 직물 대부분은 손빨래나 세탁기
물코스를 선택하는 것으로 충분하다.
조금만 수고하면 환경에 관한 책임을
다하고 비용도 절약할 수 있다. 그래도
취급표시가 적힌 라벨이 옷을 더
오랫동안 입을 수 있도록 도와주는
존재임을 감안하면 위안이 된다.

3 ?

특별 관리가 필요할 때

특별 관리를 요하는 원단이 있다.
니트와 수영복은 손빨래나 세탁기
울코스로 돌려야 오랫동안 입을 수
있다. 반짝이 장식이나 자수가 있는
옷은 세탁망 안에 넣어 세탁한다.
옷 자체를 보호하고, 다른 옷을
손상시키는 걸 미연에 방지하기
위해서다. 반면 수건을 세탁할 때는
섬유 유연제를 사용하지 않는 게 좋다.
흡수력을 떨어뜨리기 때문이다.

4

드라이클리닝에 대해 재고하라

드라이클리닝 기계 안에서 무슨
일이 벌어지는지 우리는 많이 알지
못한다. 매우 값비싼 세탁 방법이지만
유독한 화학공정이기도 하다.
드라이클리닝에 사용되는 화학제 중
가장 유명한 퍼클로로에틸렌은 건강에
해로운 물질들을 정리한 무시무시한
목록에 올라 있다. 사람을 죽이는
이 화학물질이 환경에 해롭다는
건 놀랍지도 않다. 원단에 대한
확실한 지식으로 무장한 사람이라면
드라이클리닝 대신 다양한 세탁 코스가
가능한 세탁기를 사용하거나 소매를
걷어붙이고 손세탁을 한 뒤 평평하게
펴서 말릴 것이다. 캐시미어나 울,
실크 소재 옷은 냉수로 세탁기를
돌리거나 손세탁한 다음 평평하게
펴서 건조하면 된다. 부득이하게
드라이클리닝을 해야 한다면 (코트나
재킷) 친환경 세탁업체를 찾아본다.

질문하라

믿을 만한 빨래방이나 세탁소와 거래하고 있다면, 보이지 않는 곳에서 이루어지는 세탁 과정에 대해 최대한 많이 알아내라. 어떤 세탁기를 사용하는지, 세탁수의 온도는 몇 도인지, 사용하는 세제가 사람과 환경에 모두 안전한 제품인지도 묻는다. 우리 옷이 환경에 미치는 파급력에 대해 잘 이해할수록 더 나은 세탁법의 실마리를 찾을 수 있다. 혹시 원하는 대답을 주지 않는다면, 당장 세탁물을 들고 나와 다른 업체를 찾아보는 게 낫다.

"관리가 필요한 아름다운 옷으로 옷장을 채운 후, 집 근처 친환경 세탁업체로
거래처를 옮겼다. 생분해가 되는 건강 친화적 세정제를 사용하는 곳이다.
모든 것을 자연 그대로의 모습으로 되돌리면 환경을 희생시키지 않고도 기분
좋게 청결을 유지할 수 있다."

―세라 해리스Sarah Harris(〈보그 영국〉 패션 피처 디렉터)

안전한 얼룩 제거

얼룩은 고질적인 옷의 원수다. 커피나 케첩, 때 등은 우리가 아끼는 옷을 순식간에 엉망으로 만든다. 여기에 우리의 체액이 더해지면 매우 심각해진다. 신속하고 효과적으로 처리하지 못해 얼룩이 고착하면 의류 관리는 돌이킬 수 없는 일이 된다. 그러므로 얼룩에 대한 엄정한 대처가 필요하다. 옷을 제대로 관리할 수 있다는 자신감이 생기면 큰돈을 들여 품질 좋은 옷을 장만할 수 있고, 결국 의식 있는 옷장을 구축하기 위한 여정으로 한 걸음 더 내딛게 된다.

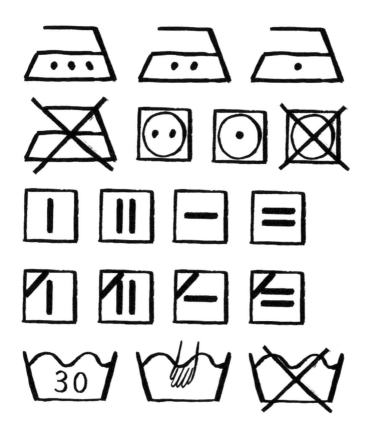

세탁, 건조, 다림질 등과 관련된 의류 취급표시를 잘 확인한 뒤
안전한 방법으로 의류를 관리해 얼룩이 지는 일이 없도록 해야 한다.

얼룩의 특징 알기

얼룩 처리에서 중요한 것은 첫째도 속도, 둘째도 속도, 셋째도 속도다. 신속하게 처리할수록 좋다. 얼룩을 제거하려면 종류에 따른 처리법 및 각 얼룩이 어떤 해를 입히는지 알아야 한다. 얼룩 제거를 위한 첫 번째 조치는 완벽하게 제거 가능한지 아니면 영원히 고착될 수밖에 없는지 파악하는 것이다. 음식이나 혈액 같은 일반적 얼룩은 세제를 이용해 찬물로 즉시 씻어내야 한다. 뜨거운 물을 사용하면 얼룩은 절대로 지워지지 않는다. 반면 핸드크림이나 달걀처럼 기름기가 있는 얼룩은 뜨거운 물을 사용해 씻어내는 게 좋다. 마지막으로 액체나 음식물 얼룩이 생겼을 때는 박박 비비지 말고 부드럽게 다독거리면서 세탁한다. 얼룩진 옷을 곧바로 세탁기에 집어던지기 전에 잠시 동작을 멈추고 사전처리 과정이 필요한지 알아보자. 이 과정을 거치면 일반 세제로는 도저히 얻을 수 없는 결과를 얻는다.

혐오스러운 화학물질은 처분한다

우리 대부분은 얼룩을 말끔하게 '날려준다'는 약속에 현혹돼 화학물질이 가득한 세제를 주저 없이 사용한다. 표백제를 사용한다면 꼭 알아야 할 게 있다. 표백제를 기반으로 하는 제품은 얼룩 제거나 흰 옷을 더욱 희게 만들기 위해 사용하는데, 이 표백제가 얼룩뿐 아니라 섬유에도 공세를 취해 옷감 수명을 갉아먹는다. 따라서 화학물질 사용은 신중해야 한다. 아무렇게나 세제를 골라 쓰고 버려서는 안 된다. 수질오염을 일으키지 않고 쉽게 분해되는 대체재를 사용해야 한다.

3

천연제품 세탁

대개 얼룩이나 냄새는 가장 단순하고
비용도 들지 않는 천연 소재를 이용해
제거할 수 있다. 지금 당장 주방에서
찾을 수 있는 것들. 탄산음료의
중탄산염이나 식초, 탄산수, 레몬즙
등은 모두 훌륭한 얼룩 제거물질이다.
다루기 힘든 섬세한 원단은 (또는 얼룩
제거를 처음 하는 옷은) 먼저 부분적으로
테스트를 해보자. 주방에서 찾을 수
없다면, 시장으로 눈을 돌려도 좋다.
천연 소재로 만든 세제가 이미 많기
때문이다. 하지만 이 모든 노력에도
불구하고 얼룩과의 전쟁에서 패했다면
(또는 하얀색이거나 밝은색 원단의 얼룩이
완전히 제거되지 않았다면) 화창한 날
옷을 밖에다 널고 태양에게 맡겨본다.

4

염색하기

얼룩 제거에 실패했다면, 아예 다른
색으로 염색해보면 어떨까? 집에서
직접 염색을 하는 건 의외로 간단하고
쉽다. 또 변화무쌍한 색상의 염색도
가능하다. 양동이에 옷을 살짝
담그거나 세탁기를 돌리면서 염색제를
추가하는 식으로 해도 된다.
단, 질소를 함유한 아조화합물 사용은
피해야 한다. 대신 주방이나 정원에서
쉽게 얻을 수 있는 소재를 이용해보자.
강한 색소를 지닌 과일이나 채소
(블랙베리, 비트, 호박 등), 꽃이나 티백이
대표적인 천연 염색제다. 어떤 식으로
염색하든 얼룩진 옷이 새로운 패션으로
거듭난다(95쪽 참고).

로렌 싱어

쓰레기 매립지의 문제를 고발하며 폐기물을 전혀 만들지 않는 생활양식을 고집스레 이어가는 로렌 싱어Lauren Singer. 그는 뉴욕시 환경보존부의 지속가능성 매니저로 일하다 환경운동가로 변신한 인물이다. 현재 로렌 싱어는 인기 블로그 '쓰레기는 멍청한 인간의 것이다Trash Is For Tossers'를 운영하고 있으며, 유기농 소재와 야채, 비독성 세정제를 생산하는 회사 '심플리 코The Simply Co.,'를 창립했다.

"우리가 구매하는 의류의 지속가능성에만 주의를 기울일 게 아니라 구매 이후 무슨 일이 벌어지는지에 대해서도 질문해보자. 윤리적인 쇼핑을 했다면, 그 제품을 지속가능한 방법으로 청결하게 관리해야 한다. 소비자로서 우리는 집과 몸, 그리고 환경에 안전한 제품을 누릴 권리를 지닌다. 나는 사람들이 모든 물건에 화학물질이 포함되어 있는지 의심하고 확인하기를 바란다. 언제부터 이런 일이 허용되기 시작했는지 질문하고, 이런 화학물질을 사용하는 게 정말 불가피한지 따져볼 것을 권한다."

로렌의 얼룩 제거 요령

성분표시 없는 세제는 금물

이 세상에는 8만 5,000개 넘는 공업용 화학물질이 있다. 이중 대다수가 안전성 테스트도 거치지 않은 채 시장에서 거래된다. 세제를 생산하는 업체가 포장지에 성분표시를 하도록 강제하는 법규조차 없다. 나는 무엇으로 만들었는지 모르는 얼룩 제거용 세제는 손도 대지 않는다. 우리 주방 찬장에 이미 무독성 대체제가 넘쳐나니까.

베이킹소다는 우리의 친구

중탄산소다 혹은 베이킹소다라고 불리는 물질은 독성 없이 얼룩을 제거해주는 훌륭한 세제 대안제다. 천에 묻은 얼룩 제거에 큰 효과를 발휘하는데, 특히 와인과 혈액 제거에 특효를 지녔다. 냄새 제거에도 탁월하다.

증류 백식초의 효능

다목적 세제로 쓰이기도 하는 주방의 필수품 증류 백식초는 풀물부터 커피, 향수에 이르는 다양한 얼룩을 효과적으로 제거해준다. 얼룩 종류나 크기에 따라 사용법은 조금씩 달라진다. 옷이 잠길 정도의 물에 식초를 떨어뜨려 세탁 전에 담가놓거나 세탁기에 넣어서 같이 돌릴 수도 있다. 차가운 물과 섞어 얼룩에 직접 묻혀 닦아낼 수도 있다.

미국 아웃도어 브랜드 '파타코니아Patagonia'는 북미 최대 의류 수선시설과 작업장을 운영하면서
서비스를 제공한다. 미국 외 지역 소비자라면 옷을 배송해 수선 서비스를 받을 수 있다.

폐기물이 나오지 않도록 노력하는 환경운동가 로렌 싱어는 12개월 동안 쓰레기 한 통만을
내놓는 실천력을 보인 이후 치명적 화학물질 없는 세정제 제조회사 심플리 코를 창업해
일약 유명해졌다(로렌의 요령은 123쪽 참고).

베이킹소다로 얼룩 제거하기

로렌 싱어

베이킹소다에 3배의 물을 섞어 강력한
얼룩 세정제를 만든다.

세정제 묻힌 솔로 얼룩진 곳을 부드럽게
문지른 다음 20~30분 간 그대로 놔둔다.

양동이에 옷을 넣고 높은 곳에서
뜨거운 물을 얼룩진 곳에 대고
쏟아붓는다(단 옷감이 감당하지
못할 정도로 뜨거워서는 안 된다).

1시간 정도 그대로 담가 둔다.
섬세한 원단의 경우 30분만
놔둔다.

마지막으로 세탁기를 이용해
일반적인 세탁을 한다.

베이킹소다를 테이블 스푼
가득 뜬 다음…

따뜻한 물 2컵을 뜬다(물을
필터에 여과해 사용하면 더
좋다) 그리고…

방향유(에센셜오일) 5~10방울을 첨가한
후 흔들어 섞어 스프레이 병에 넣는다.

세탁 전에 생각해야 할 것들

우리의 세탁 방법은 자동조정 항법과 유사해졌다.

습관적인 과잉 세탁! 더럽거나 냄새가 나지 않아도 무조건 옷을 세탁기에 넣고

돌려버린다. 기계 안에 옷을 던져넣음으로써 모든 걸 해결할 수 있다는 생각이 뿌리

깊게 박힌 나머지, 옷에서 라벤더 향 섬유 유연제 냄새가 나야만 한다고

잘못 생각하기에 이르렀다!

세탁기 사용을 자제하거나 사용 간격을 늘리는 건 간단하다. 자주 세탁하지

않으면 누릴 수 있는 장점도 많다. 시간과 돈을 절약하고 에너지와 물,

세제를 덜 사용하기 때문에 환경에 악영향을 덜 미친다.

옷의 마모도 덜해서 수명이 길어진다. 그리하여 세탁을 덜 하면 덜 할수록,

우리 옷과 자신은 더 좋은 평판을 얻는다.

덜 할수록 수명은 길어진다!

세탁기의 소용돌이 속으로 옷을 집어넣을 때마다 옷의 색상은 바래고 원단은 약해진다. 한 번 돌릴 때마다 옷의 수명은 그만큼 줄어든다. 냄새가 조금 나는 정도라면 자연스럽게 재생할 방법을 찾는다. 눈에 띄는 오염이나 악취가 없다면 굳이 세탁할 이유가 없다!

세탁 필요성 여부를 판단하기 어렵다면 원단 종류에 따라 결정할 것을 권한다. 면이나 실크 같은 천연섬유는 흡수력이 좋아 습기와 오염물질을 깊숙이 빨아들이므로 자주 세탁해야 한다. 하지만 폴리에스터 등 합성섬유는 흡수력이 상대적으로 떨어지므로 그럴 필요가 없다. 그 다음 고려사항은 옷감이 우리 피부에 얼마나 가까이 닿는지 살피는 것. 피부에 직접 닿는 옷일수록 더러워지기 쉽다. 속옷이나 상의는 자주 빨아야 한다. 하지만 세상만사가 다 그렇듯 예외는 있다. 계절이 바뀌어 입지 않게 된 옷은 반드시 세탁 후 보관해야 한다.

바람과 햇볕이야말로 좋은 세정제

바람과 햇볕은 무료다! 퀴퀴한 냄새가 약간 나거나 지난밤 흥청대며 먹고 마시느라 생긴 흔적들이 있는 경우, 밖에서 바람과 햇볕을 쐬는 것만으로 대부분 되살릴 수 있다. 꼭 밖이 아니라도 공기순환이 잘 되는 발코니에 두면 된다. 돈 한 푼 들이지 않는 손쉬운 의류 관리법이자 생태발자국을 남기지 않는 방편이기도 하다.

현명한 탈취법

옷에서 역한 냄새가 난다면 바람을 쐬는 것만으론 역부족이다. 이때는 섬유 탈취제 약간을 뿌려 냄새를 상쇄해야 한다. 하지만 제품을 선택할 때 고려할 점이 있다. 많은 스프레이 제품에는 인산나트륨처럼 피부를 자극하는 화학물질이 가득 들어 있다. 이런 물질을 들이마시고 싶을 사람은 없을 것이다. 그러니 유해성분이 없고 안전한 제품인지 꼼꼼하게 따져본다. 아니면 직접 탈취제를 만들어봐도 좋다 (제조법은 127쪽 참고).

솔질한다

전반적으로 깨끗하지만 표면에 약간 보풀이 일거나 먼지와 머리카락이 묻은 정도라면 섬유 깊숙이까지 세탁하는 대신 재사용 가능한 보풀 제거 롤러를 이용한다. 좋은 옷솔을 장만해두자. 표면에 묻은 오염물을 털어낼 때뿐 아니라 코트나 재킷, 바지의 섬유를 정리할 때도 요긴하다. 솔로 먼지를 잘 털어내기만 해도 옷들의 과거 영광을 되찾아줄 수 있다. 특히 털복숭이 반려동물과 함께 사는 경우이라면 잦은 솔질이 필수다.

부분 세탁

새로 장만하거나 깨끗하게 세탁한 옷을 입었는데 몇 시간 지나지 않아 얼룩이 생겼다면? 사실 이보다 더 짜증스러운 일도 없다. 이때는 옷을 전체적으로 세탁하기보다 문제가 되는 부분만 해결하는 게 낫다. 스웨터나 스커트는 불필요한 물과 에너지, 세제를 사용하지 않고도 원상태로 회복시킬 수 있다(자세한 내용은 120쪽 참고).

샤워와 빨래를 동시에!

손빨래가 필요한 옷은 샤워할 때 가지고 들어가 간단히 해결할 수 있다. 샤워를 하면서 동시에 손빨래를 하면 시간과 노력, 물을 절약할 수 있지 않겠는가? 린스 성분을 함유하지 않은 샴푸는 머리카락 못지않게 손빨래에도 효과 만점이다. 일석이조란 말은 이럴 때 쓰는 것이다!

애쉬 블랙

전 세계를 무대로 종횡무진 활약하는 기업가 애쉬 블랙^{Ash Black}. 그는 100퍼센트
재활용 코트 옷걸이인 그린 행거와 같은 제품을 선보이는 등 수많은 사업에
참여하고 있다. 최근에는 자신이 사랑하는 청바지를 세탁하기 위한 새로운 방법을
찾기 위해 골몰한 결과, 미스터 블랙^{Mr Black}이라는 이름의 무독성 생분해 제품을
출시했다. 세탁, 탈취, 옷감 보호를 위해 만들어진 미스터 블랙 제품들은 전 세계에서
판매되고 있다.

"나는 청바지를 사랑해서 늘 입는다. 지난 몇 년 동안 다양한 청바지 세탁 요령을 배웠다.
하지만 그 중 몇몇은 미심쩍기도 했다. 아예 세탁을 하지 말라는 말부터 청바지를
얼리거나 입은 채 바다로 걸어 들어가라는 말까지 들었다! 나는 온갖 세탁 방법을 직접
실험해보았는데, 그 중 가장 좋은 것은 세탁기를 멀리 하는 것이었다."

애쉬의 청바지 세탁 요령

세탁 횟수를 줄인다

청바지는 덜 세탁하면 할수록 몸에
잘 맞고 섬유나 색상 손상이 적다.
세탁 횟수는 각자의 라이프스타일에
따라 다르겠지만 나는 일년에 한 번만
세탁기를 이용해 세탁한다.

뒤집는다

청바지에서 냄새가 조금 난다 싶으면
뒤집어서 잘 턴다. 그리고 밖으로
나가 태양의 자외선 아래 널어놓는다.
산들바람이 분다면 아주 이상적인
환경이다. 이렇게 하면 청바지 원단이
새것처럼 재생된다.

스프레이 탈취제 이용

얼룩이 심하거나 냄새가 뱄더라도 해결
방법은 많다. 탈취제를 청바지에 조금
뿌리면 과도하게 많은 물과 에너지를
낭비하지 않고도 박테리아와 악취를
날려버린다. 스프레이는 빠르고
안전하게 사용할 수 있어서 청바지를
세탁기 집어넣지 않고 깨끗하게
관리하는 쉬운 방법이다.

착한 세탁 방법들

세탁은 불가피한 일이다. 하지만 부주의한 세탁 습관은 우리의 발목을 잡는다(줄어든 모직 옷이나 물든 하얀 옷을 떠올려보라).
게다가 물과 에너지를 낭비한다. 여기, 우리의 시간과 노력,
돈을 절약하면서 옷을 보호할 수 있는 부담 없는 세탁법이 있다.
이런 방법을 사용하면 돈을 아껴 좋은 옷을 사는 데 투자할 수 있다.
동시에 지구를 구하는 일에도 기여한다.

"나는 세탁하는 걸 좋아하지만 그보다 훨씬 더 옷을 사랑한다!
그리고 이 두 가지가 밀접하게 연결돼 있다는 사실을 어렵사리 깨달았다.
세탁은 노력한 만큼 보상을 얻는 일이며, 우리 옷이 마땅히 누려야 할
세심한 보살핌을 받는 기회이다."
―히마샤 벤카타스와미Himarsha Venkatsamy(모델 겸 영화배우)

1

너의 세탁기를 알라

현대인에게 세탁기는 삶의 필수품이다. 좋은 세탁기 하나를 장만하면 몇 년 동안 편리하게 옷을 보호해준다. 그러므로 품질에 투자하자. 가끔 20년 넘는 기대수명을 가진 제품도 있지만, 대다수 저렴한 제품은 그에 훨씬 못 미치는 시간만 버텨낸다. 그러므로 품질 좋은 세탁기를 선택하는 건, 옷 관리를 꾸준하게 하는 비결이자 세탁기를 쓰레기 매립지로 보내는 일을 반복하지 않는 묘책이다. 세탁기에 넣고 돌리는 옷의 가치를 생각해보자. 옷가지를 모두 합해 값을 매겨보면 세탁기보다 훨씬 비싸다. 그러니 모직이나 실크, 캐시미어처럼 섬세한 섬유를 다룰 수 있는 세탁기를 찾는 게 좋다. 이런 기능을 갖춘 세탁기를 구비하면 드라이클리닝 비용까지 챙길 수 있다. 환경에 미치는 영향도 줄어든다.

먼저 에너지 효율이 가장 높은 제품을 찾는다. 가능하면 A+(또는 그 이상) 에너지 효율 등급을 자랑하는 제품이 좋다. 지금 쓰는 세탁기가 멀쩡하다면, 그 세탁기에 장착된 세탁 코스의 특성과 차이점을 파악한다. 다양한 프로그램이 장착되었음에도 불구하고 우리는 모든 옷을 똑같은 코스로 세탁하는 우를 범한다. 세탁 양이나 환경적 민감도에 따라 세탁 방법을 달리해야 함에도 불구하고 무조건 '표준 세탁'을 눌러버린다. 마지막으로 기억해야 할 것은 우리의 세탁기도 사랑과 관리를 필요로 한다는 사실이다. 2개월에 한 번씩은 무세제 세탁이나 온수 세탁 코스로 세탁기 자체를 세탁하여, 박테리아나 물때가 발생하지 않도록 해야 한다. 레몬즙 한 컵을 더하면 녹슬어 생기는 얼룩을 방지하는 데 효과만점이다.

2

손빨래, 할 것인가 말 것인가?

실크 옷이 넝마주이로 변하고 니트가 미니어처로 줄어드는 일을 막기 위해 우리는 세탁 방법을 고심한다. 실크와 새틴, 레이스 직물은 손빨래를 하는 게 가장 좋다. 이런 원단을 오래되거나 품질 낮은 세탁기에 넣고 돌려버리면 섬세한 원단이 상하기 때문이다. 또 복잡하고 번거롭겠지만 '드라이클리닝 전용'이라는 취급표시가 붙은 옷 대부분은 손빨래를 해도 무방하다. 손빨래 기능이 장착된 최신형 세탁기가 있다면 우리 손을 대신해 그들에게 맡겨도 된다(143쪽 참고).

3

분리 세탁 요령

세탁물을 분류할 때는 반드시 흰색, 검은색, 유채색으로 나누어야 한다. 색이 선명하거나 진한 색상 의류는 자신의 색소를 다른 옷과 공유하는 걸 아주 좋아한다. 그러니 비슷한 것끼리 모아서 세탁하자. 빨래를 담아둘 바구니가 넉넉하다면 원단 종류에 따라 분류한 다음 각각에 맞는 코스로 세탁기를 돌린다. 하지만 폴리에스터나 면직물은 단독 세탁할 필요가 없으니 물을 절약한다는 차원에서라도 같이 세탁하라. 분홍색이 되어버린 흰옷을 얻은 적 있는 사람이라면, 세탁물 분류가 얼마나 중요한지 절감할 것이다.

예방이 치료보다 우선!

세탁기에 넣고 사정없이 돌리기 전에
간단한 조치만 미리 취한다면 옷들은
안전할 수 있다. 섬세한 원단이라면
더더욱 이런 조치는 필수다. 와이어를
댄 브래지어나 타이즈, 스팽글 장식
옷, 그리고 섬세한 원단의 옷은 별도의
빨래망에 넣어 세탁하는 게 최선이다.
세탁 과정의 자극을 막아주고 지퍼나
단추가 다른 옷에 걸려 손상을 입히는
불상사도 미연에 방지할 수 있다.
타이즈 같은 아이템이 다른 옷에
엉망으로 엉키는 일도 차단할 수 있다.
청바지나 장식이 달린 옷들은 뒤집어서
세탁해야 옷감 손상을 최소화한다.
마지막으로, 단추나 지퍼는 잠근
후 세탁해야 옷의 형태를 보호하고
유지하는 데 도움이 된다.

세탁기는 용량에 맞게!

세탁기 안에 적절한 양의 세탁물을
넣는 것이야말로 최상의 결과를 얻는
핵심이다. 많은 세탁기들은 세탁물
양과 상관없이 모든 세탁 코스에 같은
정도의 물과 전기에너지를 사용한다.
그러므로 적은 옷만 넣은 채 세탁기를
돌리는 건 엄청난 낭비다. 일반적인
세탁기는 물과 전기에너지 효율을
최대로 높이기 위해 전력을 다해서
돌아간다. 반면 하이테크닉을 갖춘
세탁기의 경우, 세탁물 양에 맞춰
물과 전기에너지를 자동 조절한다.
사용설명서를 통해 내가 쓰는 세탁기의
이상적인 용량이 어떻게 되는지 알아낸
후 거기에 맞게 사용한다.

세제는 적정량만

세제 양을 정확하게 측정한다.
시중에서 판매하는 세제에는 페놀이나
광학증백제, 표백제 같은 위험한
성분이 포함되어서, 정확한 양을
사용하는 게 매우 중요하다. 세제를
많이 쓴다고 옷이 더 깨끗해지는 건
아니다. 오히려 세탁기 내부 배관만
막히게 만든다. 친환경 세제를
선택하라. 유해 화학물질을 사용하지
않는 에코에버, 심플리 코, 런드레스
같은 브랜드들이 있다(참고자료 참고).
세제를 다 버리고 히말라야 산기슭에서
자생하는 천연세탁 열매인 소프넛을
사용하는 것도 한 방법이다. 물과
반응하면 거품을 만들어 계면활성제
기능을 하는 이 열매는 4~5회
사용한 후 교체해주어야 한다. 특히
알레르기나 민감성 피부를 지닌
사람들에게 소프넛은 훌륭한 대안이다.

섬유 유연제, 유연하게 사용 마라

섬유 유연제를 첨가하는 이유는,
촉감을 부드럽게 하고 향기를 내기
때문이다. 또 정전기에 의해 옷이
달라붙는 것도 줄여준다. 하지만
섬유 유연제 역시 유해 화학물질
칵테일이다. 섬유 유연제에 중독된
상황이라면 친환경 대체재 사용을
권한다. 베이킹 소다 혹은 식초를
세탁기에 첨가하거나(식초를 넣었다고
쉰내가 나지는 않으니 걱정마시라)
빨랫줄에 세탁물을 걸어서 자연
건조하면 정전기가 생기지 않는다.
유해 화학물질 없이 섬유 유연제의
향기로운 향을 얻고 싶다면 에센셜오일
몇 방울을 물에 섞어 섬유 유연제 칸에
넣으면 된다.

물의 온도가 관건

많은 사람들이 섭씨 40도 넘는 물로 세탁기를 돌린다. 하지만 이건 돈을 배수구로 쏟아버리는 일에 다름 아니다. 물을 데우기 위해 에너지를 낭비할 뿐 아니라 옷이 상할 가능성도 높아진다. 수온을 섭씨 30도 이하로 낮추는 편이 캐시미어나 실크처럼 섬세한 원단에 더 좋다. 대다수 세탁기와 세제는 이 정도 수온에서 효율적으로 활성화된다. 잘 빠지지 않는 얼룩은 세탁기에 넣기 전 사전 처리를 하면 좋다. 다만 위생 면에서 더 신경 써야 하는 아이템(속옷이나 침대시트, 강도 높은 운동을 할 때 입은 옷, 장염을 앓은 사람의 옷 등)은 수온을 40~46도로 높여 세탁할 필요가 있다.

세탁된 옷은 곧장 꺼낸다

바쁜 세상이다. 잡다한 일들을 챙기다 보면 세탁기에 돌려놓은 빨래를 꺼내 정리하는 일조차 깜빡 잊기 십상이다. 하지만 세탁기 작동이 멈추는 즉시 세탁물을 꺼내야 한다. 세탁물 자체를 위해서도, 세탁기를 보호하기 위해서도 그게 필수다. 젖은 빨래를 세탁기 안에 방치해두면 옷이 구겨지는 것은 물론 악취가 밸 수 있다. 젖은 옷이 세탁기 안에 굴러다니다 녹물이 묻어나는 사태를 맞게 될 수도 있다.

에바 크루즈

덴마크패션연구소 CEO 에바 크루즈 Eva Kruse 는 2009년 유엔기후변화협약 기간 중
시작된 코펜하겐패션서밋 Copenhagen Fashion Summit 등 여러 플랫폼에서 지속가능성
높고 사회적 책임을 다하는 패션을 장려해왔다.
덴마크 TV 프로그램 진행자로 일하며 여성지 편집장으로도 활약하는 에바는
20113년 TED에서 '패션을 통해 세상을 변화시키자'라는 제목으로
강연을 해 화제를 모았다.
그녀는 현재 노르딕패션협회 이사로 재직하고 있다.

"패션산업과 환경 변화를 이끌어낼 힘이 우리에게 있다. 우리가 하는 아주 작은 일들이 모여
엄청난 힘을 만든다. 우리가 하는 행동과 말, 구매행동이 그들에게 영향을 미친다. 빨랫줄에
옷을 넣어 자연건조하는 일이나 저온수로 세탁하거나 세탁 횟수를 줄이는 정도의 간단한
행동 변화만으로 세상을 바꿀 수 있음을 명심하자."

에바가 추천하는 착한 세탁 요령

마음가짐을 바꾼다

우리는 무슨 옷을 살지에 대해 아주
많이 고민하는 반면, 옷을 사고 나서
그 옷을 어떻게 관리할 것인가를 두고
고심하지 않는다. 조금만 더 신경 써서
옷을 관리한다면, 좋은 옷을 오랫동안
입는 보상이 뒤따른다.

세제는 권장량만큼만!

무독성 세제를 사용해야 우리 옷도
보호하고 자연환경도 보호한다. 하지만
아무리 좋은 세제라 해도 권장량만큼만
사용할 것! 우리는 흔히 너무 많은
세제를 들이붓는다. 제조업체에서
제안하는 권장량을 사용하면 돈도
아끼고 소중한 수자원을 오염시킬
가능성도 낮아진다.

수온을 낮춘다

세탁물 온도를 낮추면 이산화탄소
배출량을 줄이고 전기요금도 아낀다.
차가운 물로 세탁기를 돌려도 얼룩
제거에는 아무 문제가 없다. 사실
가정에서 가장 많은 에너지를
소비하는 게 세탁기이다.
섭씨 30도 물로만 세탁기를 돌려도
획기적인 에너지 절감을 이룰 수 있다.
유럽 대부분 가정에서는 섭씨 40~60
물로 세탁한다. 이 온도만 낮춰도
연간 이산화탄소 배출량 1,200만 톤을
줄인다. 300만 대의 자동차가 배출하는
양과 맞먹는 수치다.

지속가능한 패션을 옹호하는 에바 크루즈는 얼룩을 제거하는 일에서도 레드카펫 룩을 연출할 때 못잖게 확고하고 단호한 입장을 취한다(그녀의 세탁 요령은 141쪽 참고).

"우리 옷장 안 아이템의 90퍼센트는 물세탁이 가능하다. 드라이클리닝 전용이라고 표시된 옷 역시 그렇다.
관리 요령만 안다면 드라이클리닝을 맡길 일은 거의 없다."
—그웬 화이트닝과 린지 제이 보이드Gwen Whiting & Lindsey J. Boyd(런드레스 대표)

잘 말리기

옷은 잘 말려야 한다. 하지만 바쁘게 살아가는 현대인들은 세탁기에서 젖은 옷을 꺼내 곧장 건조기에 집어넣고 돌려버린다. 에너지 효율이 더 좋은 다른 건조 방법이 있는지 생각할 여유를 갖지 못한다. 건조기를 사용하면 매우 빨리 옷을 말릴 수 있다. 하지만 엄청난 에너지를 사용한다. 딱 그만큼의 전기요금 폭탄을 떠안는다는 말이다. 게다가 건조기 필터에 끼인 보풀이 증명하듯 옷감이 많이 상한다. 건조기를 사용하지 않으면 전기요금도 아끼고 이산화탄소 배출도 그만큼 줄인다.

건조기 취급주의!

섬세한 섬유일수록 건조기는 위험하다.
원단에 따라 건조기 사용 여부를
달리해야 한다. 취급주의 표시를
확인하며 빨래를 말려야 옷의 형태나
크기가 변형되는 일을 막는다. 울이나
캐시미어처럼 열에 민감한 원단이
건조기에 들어갔다 나오면 사정없이
줄어들어 미니어처 옷으로 탈바꿈하는
참사를 맞는다. 니트 류는 빨랫줄에
널어 건조하면 옷이 늘어나서 모양이
변하므로 평평하게 펴서 말려야 한다.

빨랫줄 건조가 갑

빨랫줄 건조는 오랫동안 사랑받아온
건조법이다. 효과가 좋기 때문이다.
불필요한 전기를 사용하지 않으니 돈이
절약된다. 회전식 건조기에서처럼
옷이 헤지는 일도 없다. 하얀 옷은
빨랫줄에 널어 햇볕 아래 말리면 한
단계 더 나아간다. 자외선이 훌륭한
표백제가 되기 때문이다. 반면 진한
색상 옷은 주의해야 한다. 색상이 바랠
수 있으니 햇볕이 쨍쨍할 때 말리는
걸 피하고, 부득이하게 볕에 널 때는
옷을 뒤집어 말린다. 큰 주머니가 달린
옷이라면 뒤집어 널어야 빨리 마른다.
마지막으로 빨래집게는 보이지 않는
부분을 집어서, 옷에 자국이 남지
않도록 한다.

3

집 안에 '빨랫줄' 걸기

외부 공간이 부족하거나 날씨가 좋지 않다는 이유로 빨랫줄 사용을 미룰 필요는 없다. 단출한 디자인의 접이식 건조대라면 실내에서도 충분히 빨래를 말릴 수 있다. 집에서 가장 따뜻한 곳에 가져다놓으면 딱 좋다. 침실이나 거실 또는 욕실도 가능하다. 실크나 리넨처럼 구김이 많이 가는 원단 옷은 옷걸이에 걸어 건조대에 걸어놓아야 한다. 라디에이터 같은 난방기구나 난방시스템의 온열 기능을 활용해 세탁물을 건조할 수도 있다. 겨울에는 이런 방법이 아주 좋다. 이런 식의 건조 방법은 시간이 다소 걸리지만 전기요금을 줄이고 환경에 부담을 주지 않으니 여러 모로 효과적이다.

4

회전식 건조기 사용 요령

부득이하게 회전식 건조기를 사용해야 한다면 에너지 효율이 높고 품질이 우수한 모델에 투자한다. 환경에 미치는 영향을 최소화하고 최선의 결과를 얻기 위해서다. 어떤 건조기를 사용하든 사용할 때마다 필터에 낀 보푸라기를 제거해야 한다는 걸 명심한다. 건조기 효율성을 높이고 건조 시간을 단축해 우리의 시간과 돈을 절약해주기 때문이다.

섬머 레인 오크스

패션과 미용 분야 전문가인 섬머 레인 오크스Summer Rayne Oakes는 모델, 작가, TV 진행자, 디자이너, 제작자, 기업가 등으로 활약하면서 '40세 이하 트렌드세터 20인' 과 '친환경 기업가 10인' 명단에 이름을 올렸다.

그는 현재 최고의 환경운동가로 꼽힌다. 〈뉴욕타임스〉에 글을 기고하거나 〈보그〉의 지면 촬영을 하지 않을 때, 그는 우리 삶에서 지속가능성을 실천하기 위한 팟캐스트 프로그램을 제작한다.

"기억하는 한 나는 늘 빨랫줄을 이용해 세탁물을 말려왔다. 그러므로 내가 세상에 존재하는 동안 빨랫줄 사용은 나의 일과다. 에너지 절약에 기여하는 동시에 환경적·재정적 측면에서도 매우 간단한 일이다. 게다가 빨랫줄을 이용하면 야외활동을 더 하게 된다. 매일 지붕이나 발코니 정도만이라도 나가볼 기회를 얻기 때문이다."

섬머 레인의 빨랫줄 건조 요령

어디서든 가능하다!
나는 요 몇 년 동안 뉴욕의 작은 아파트에서 회전식 건조기의 도움 없이 빨래를 말렸다. 공간이 부족해 빨랫줄을 사용하지 못한다는 건 변명이 안 된다. 옷장에 걸린 옷 종류만큼이나 다양한 건조대가 시판되고 있다. 건조대를 놓을 실내 공간이 부족하다면 거실 한쪽에 빨랫줄을 걸거나 창가에 옷을 걸어놓는 것도 좋은 방법이다.

냄새가 배지 않게 유의한다
막 빨아서 널어놓은 옷은 건조 과정에서 냄새를 빨아들인다. 그러므로 악취가 나는 것과 빨래는 가급적 멀리 떨어뜨린다.

타이밍을 맞춘다
손님이 방문할 예정인데 정성스레 준비한 요리보다 빨랫감이 관심을 더 끌게 하고 싶지 않다면 밤에 말린다. 다음날 퇴근해 집에 돌아올 무렵이면 다 말라 있을 것이다. 햇볕이 잘 드는 곳에 건조대를 놓으면 마르는 시간이 단축된다. 단 빨랫줄이나 건조대에 옷을 겹쳐 널지 않아야 한다.

섬머 레인 오크스는 잘 정리된 자신의 옷장을 옛날 방식으로 관리한다. 옷이 상하지 않도록,
빨랫줄에 널어 말리면서 보호하는 것이다(섬머의 요령은 149쪽 참고.)

섬머 레인처럼 우리도, 빨랫줄에 옷을 널거나
실내에 건조대를 두고 말리는 습관을 들이자.

손쉽게 주름 펴기

옷에 구김이나 주름이 잡히는 걸 반길 사람은 없다. 쭈글쭈글한 옷이 유행할 기미가

보이지 않는 이상, 에너지와 시간을 잡아먹는 다리미 사용은 불가피하다.

다림질에는 또 다른 치명적 위험들이 도사리고 있다.

자칫 삐끗하면 다리미 태운 자국을 옷에 새기거나 녹물이 튈 수도 있다.

하지만 다리미의 성능 못지않게 옷의 주름을 지우는 비결이 따로 있다.

잘만 하면 다림질을 할 필요조차 없다.

다림질은 선별적으로

뻔한 이야기처럼 들리겠지만
다림질은 꼭 필요할 때만 해야 한다.
우리는 무의식적으로 다림질이 곧
의류 관리라고 착각한다. 하지만
폴리에스터나 텐셀을 비롯한 신소재
원단에는 구김방지 효과가 있어
다림질을 안 해도 된다.

옷걸이에 걸어둔다

옷의 주름 제거에는 마르기 전
옷걸이에 걸어두는 게 최고다.
중력이 작용해 옷의 구김살을 말끔히
제거해준다. 세탁 직후 곧바로
옷걸이에 걸어두는 게 제일 좋다.
리넨처럼 주름이 잘 가는 원단은
마지막 탈수 코스를 생략하고, 세탁도
회전력이 비교적 약한 것을 선택한다.
그래야 세탁기에 넣고 돌린 다른
세탁물보다 더 촉촉해진다. 단, 이런
규칙을 울이나 캐시미어에 적용해서는
안 된다. 울이나 캐시미어는 바닥에
평평하게 펴놓고 말려야 한다.

김을 쐬어준다

샤워기 아래서 노래 부르며 '다림질'
을 할 수도 있다! 면이나 폴리에스터,
실크처럼 가벼운 원단은 욕실에
걸어놓고 수증기를 쐬어주는 것만으로
감쪽같이 구김이 사라진다. 이 비결은
특히 여행 중 요긴하게 활용된다.
장시간 비행이나 자동차 여행을 하는
동안 주인만큼이나 구깃구깃해진
옷들을 관리할 때 그만이다. 기발하며
간단하고 효과적인 방법이다.

천연 풀 먹임

셔츠의 깃과 소매 단을 빳빳하게
만들고 싶을 때가 있다. 그렇다고
시중에서 파는 분무식 다림질 풀
제품을 살 필요는 없다. 이들 제품은
유독성 화학물질로 가득하다. 그보다는
2008년부터 연간 유리병 한 통 크기의
쓰레기만 배출하는 '제로 웨이스트
라이프스타일Zero Waste Lifestyle'을
진행하는 베아 존슨Bea Johnson처럼,
거저나 다름없는 비용으로 다림질
풀을 직접 만든다. 옥수수 녹말가루
(가능하면 유기농 제품으로) 한 스푼을
떠서 물 0.6리터에 녹여 혼합물을 만든
뒤 분무기에 담아 셔츠에 뿌리면 된다.
우리 조상들이 애용한 이 방법은 지금
우리에게도 여전히 유효하다.

5

다리미는 좋은 것으로

그럼에도 불구하고 다리미를 손에
잡아야 한다면 에너지 효율이 높고
품질이 좋은 모델을 장만한다. 전력
소비를 줄이고 옷을 보호하는 데
도움이 된다. 품질이 좋지 않고 오래된
다리미를 사용하면 원치 않는 녹물
자국이 생기는 불상사를 맞이할 수
있다.

다림질 뒤에는 식힘이 필수!

다림질을 끝낸 후 냉큼 옷을 입거나
서둘러 정리하지 않는다. 뜨거워진
옷이 완전히 식을 때까지 5분 정도는
기다려야 한다. 뜨거운 옷을 그대로
입으면 주름이 더 많이 생긴다.

유지보수와 수선

옷은 우리 삶의 여정을 같이하는 과정에서 필연적으로 마모된다. 하지만 많은
사람들은 적절한 의류 관리 필요성을 간과한다. 새옷을 구매하는 게 간단하기
때문이지만 한편으로는 옷을 수선하는 데 필요한 기술을 잊어버렸기 때문이다.
실과 바늘을 손에 쥐는 것보다 지갑을 여는 게 더 간편한 세상이다.
하지만 요즘 옷들은 조악하게 생산되어서 그 어느 때보다 사랑 담은
관리를 필요로 한다.
의식 있는 옷장을 구비하고 싶은 사람이라면, 옷을 유지보수하고 수선해 입겠다는
마음가짐이 필수다. 이 책을 여기까지 읽은 사람이라면 아마도 좋은 옷을 소량
구매해야겠다고 생각했을 것이다. 그렇다면 품질 좋은 아이템을 집대성한 옷장을
마련해 잘 관리하려는 마음까지 먹기를 바란다. 그렇게 된다면 의류 폐기물을 줄이고,
나아가 옷에 대한 투자비 회수율을 극대화할 수 있다.

2

수선 기술 익히기

단추가 헐거워지거나 아예 떨어지는
일, 원단이 닳아 헤지는 일, 옷단이
늘어지거나 풀려버리는 일은 흔하게
겪는다. 대부분의 옷 수선은 옷을
뒤집은 다음 바늘에 실을 끼우는 걸로
시작된다. 바늘에서 실이 미끄러져
나오지 않도록 실을 두 겹으로 해서
사용한다. 그렇게 하면 바느질도 더
단단해진다. 실 끝에 매듭을 짓는 것도
잊지 말도록! 이제 기본적인 바느질
요령을 배울 필요가 있다. 공그르기,
홈질, 감침질과 같은 바느질법은
인터넷 동영상을 통해 쉽게 익힐 수
있다. 바느질을 마치고 바늘을 원단
뒤로 보내 바느질한 부분에서 몇 땀 더
뜬 다음 잘 묶어야 한다. 실로 고리를
만든 후 바늘을 통과시켜 매듭이
생기게 하는 일을 몇 번 반복한다.
그래야 바느질이 풀리지 않는다.

옷장 안에 연장 키트!

기본적인 도구는 상비해야 한다.
의식 있는 옷장을 유지보수하고
관리하는 일이 짜증스럽기보다 즐거운
작업이 되도록. 장비로는 바늘과
기본적인 색상의 실이 있어야 하고
잘 드는 가위와 여분의 단추, 신발과
가방, 허리띠를 위한 광택제와 솔이
필요하다. 또한 천이 찢어진 경우
수선할 수 있는 올 수선 바늘(올이
풀려 의류 밖으로 삐져나온 것을 안쪽에서
잡아당겨 수선하는 도구)과 원단을
강화시켜주는 접착심지(다리미로 열을
가해 붙일 수 있는 심지)를 갖추면 좋다.

3

바느질 대신 다림질

손재주가 영 없어서 바느질이 어려운 사람이라면 접착심지를 이용해 옷을 수선하고 원단을 강화시킬 수 있다. 이 실용적인 제품을 닳아 헤진 원단 뒷부분에 덧댄 후 다림질하면 옷에 구멍이 뚫리는 일을 막아준다. 옷단을 신속하게 수선하고자 할 때는 양면 접착테이프를 사용한다. 다림질로 옷단에 부착할 때 마른행주나 천 조각을 덧대 접착제가 흘러나와 다리미 열판을 손상시키지 않도록 한다. 여기에 바느질을 몇 번 해주면 옷이 훨씬 더 튼튼해진다.

4

손상이 클 땐 상상력을 발휘!

바느질 몇 땀으로 간단하게 수선할 수 없을 만큼 심각하게 손상된 옷은 아예 눈에 띄는 무언가를 덧대는 방식으로 새로운 개성을 불어넣는다. 대비되는 색상의 실로 바느질을 하거나 수선 패치 또는 밑단을 덧대 패션 포인트로 삼는다. 이렇게 하면 까다롭고 어려운 옷 수선 작업이 의미심장한 변화를 추구하는 창작활동이 된다.

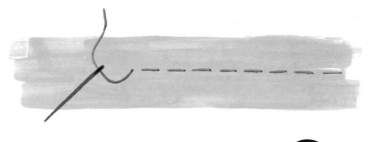

5

옷단을 구해라

옷단이 늘어졌을 때, 많은 사람들은 그 옷을 집어던져 버린다. 이젠 버리기 전에 구할 방도를 찾아보자. 바늘과 실(가능한 옷의 원단 색과 비슷한 실), 핀, 다리미를 준비한다. 먼저 다림질을 해서 옷단이 원래 위치로 돌아가도록 정돈한다. 그런 다음 간단한 공그르기로 앞면에는 최소한의 바늘땀만 나오게 꿰매 옷단을 고정한다. 자신이 없다면 옷단 접어넣는 법을 알려주는 인터넷 동영상을 찾아 참고한다. 옷단이 풀리기 시작한 지점보다 조금 더 뒷부분에서 수선을 시작해야 이전에 사용된 바느질실이 풀리지 않는다. 심지를 사용해 수선했다면 계속 살펴봐야 한다. 심지를 교체해줘야 하는 상황이 종종 생기기 때문이다.

6

안감 상태를 살필 것

옷의 안감이 낡지 않았는지 잘 살펴야 한다. 특히 코트와 재킷의 겨드랑이 부분 안감은 헐거워지거나 찢어지기 쉽다. 이렇게 손상된 부분은 손바느질로 간단하게 수선할 수 있다. 손상된 부분을 다림질로 반듯하게 정돈하고 핀을 이용해 찢어지거나 옷단이 벌어진 부분을 고정한 다음 새발뜨기 기법으로 바느질하면 된다. 찢어진 부분의 천을 조금씩 잡아당겨 붙인 다음 왼쪽에서 오른쪽으로 바늘을 교차시킨 후 단 끝에 실 교차점이 가게 하는 바느질로 찢어진 부분을 이어준다. 여기서 희소식은 찢어진 부분이나 바느질한 부분 모두 안감에 있기 때문에 솜씨가 서툴더라도 다른 사람이 볼 일이 전혀 없다는 점이다.

바느질한다. 이제 짜깁기 차례다!
홈질을 여러 번 한다고 생각하면 된다.
그런 다음 직각이 되도록 털실을
'엮어서' 그물망을 만든다. 구식처럼
보이겠지만 짜깁기는 수선한 부분이
눈에 잘 띄지 않는 좋은 방법이다.

니트 수선

니트 의류는 손상된 부분을 최대한
빨리 발견하는 게 중요하다. 작은 올
하나라도 방치하면 금방 커다란 구멍이
되기 때문이다. 스웨터에서 실 하나가
불쑥 튀어나온 건 문제의 조짐이다.
조치가 시급하다! 올 수선 바늘이나
뜨개질바늘로 안쪽에서 실을 잡아당겨
간단하게 수리할 수 있다. 제멋대로
빠져나갔던 실은 잘 묶어 고정한다.
그 다음 난이도가 조금 높은 구멍
난 부분은 짜깁기로 메운다. 일반
바느질과 다른 방식으로 꿰매야
하므로 인내심과 자신감이 필요하다.
먼저 구멍 난 부분에 사용된 것과
똑같은 털실을 구한다. 구멍 난 곳을
털실로 메우는 방식이다. 옷을 뒤집어
작업하되 컵이나 테니스공과 같은
둥근 물체를 이용해 옷을 받치고

구두 관리법

구두는 쉽게 마모되고 닳는 패션
아이템이다. 특히 굽과 구두코의
마모는 피하기 어렵다. 구두약을
발라 규칙적으로 닦아주고 보관을 잘
하는 게 사후 약방문 조치보다 백번
낫다. 광택제와 구둣솔은 상비한다.
굳이 제품을 사지 않고 천연 대체재를
찾아 쓸 수도 있다. 일주일에 한 번씩
올리브오일을 가죽구두에 문질러준다.
이때 밀랍을 섞으면 더 좋다. 바나나
껍질 안쪽으로 가죽구두를 문질러
자연스러운 광을 낼 수도 있다.
구두수선소를 찾아 닳은 굽과 구두코를
교체하면 수명이 연장된다.

9

가죽가방 보호하기

우비나 가죽가방처럼 오래가는 아이템은 한층 특별하게 관리한다. 정기적으로 왁스를 발라주거나 광을 내서 최고의 상태를 유지하는 게 필수다. 왁스와 광택제는 우리 얼굴에 바르는 안티에이징 영양크림과 마찬가지다. 하지만 시중에서 쉽게 구매할 수 있는 제품 중에는 유해한 화학물질을 함유한 게 많다. 깨알 같은 성분표시를 잘 읽어보고 미심쩍다 싶을 때는 차라리 천연성분으로 직접 만들어 쓴다. 이때 젖은 천으로 표면에 묻은 잔류물을 제거한 후 왁스를 발라야 한다는 점을 잊지 말자.

10

수선 서비스 활용

수선이 필요하지만 직접 나서기 벅찬 수준이라면 주저 없이 전문가의 도움을 받는다. 인근 세탁소나 전문 수선집에 의뢰하면 된다. 유명 브랜드 제품이라면 판매처를 통해 수선 서비스를 받을 수 있다. 많은 브랜드에서는 고객서비스의 일환으로 수선을 해준다. 심지어 평생 무상 서비스를 제공한다며 높은 가격을 받는 곳도 있다. 그러니 애용하는 브랜드에서 수선 서비스를 제공하는지 확인해야 한다. 혹 제공하지 않는 브랜드가 있다면 왜 그런지도 질문한다.

피오나 꼬뚜르

디자이너 피오나 꼬뚜르^{Fina Kotur}는 2005년 자신의 패션잡화 브랜드인 '꼬뚜르'를 론칭해 현재 30여 개 국에서 매장을 운영한다. 랄프 로렌, 갭, 토리 버치에서 선보인 그녀의 디자인은 헐리우드의 특급 셀럽들에게 꾸준히 사랑받고 있다.

피오나는 〈배니티 페어〉의 '세계 베스트드레서' 리스트에도 이름을 올렸으며 많은 자선활동을 통해 홍콩의 〈태틀러〉로부터 '희망의 여인^{Woman of Hope}'이라는 칭호를 얻기도 했다.

"나는 뭔가를 잘 관리하는 걸 자랑스럽게 여긴다. 인간관계를 맺듯, 우리 옷도 잘 보살피고 가꿔나가야 한다. 나는 좀처럼 뭔가를 버리지 않는다. 새로운 옷을 살 때 오랫동안 사용할 것을 고려한다. 큰돈을 들였든 중저가 패션이든, 내 옷장을 구성하는 중요한 아이템이기 때문이다. 신중하게 선택하고 잘 관리하면 몇 년이고 오랫동안 입을 수 있다(어머니가 물려주신 1960년대 구찌 가방도 아직 멀쩡하게 잘 쓰고 있다!).

피오나의 유지보수 요령

커버를 씌운다

나는 신발과 가방을 잘 관리하고
유지보수한다. 정기적으로 광을
내고 손상된 곳이 없는지 까다롭게
관찰한다. 나아가 신발상자나
옷 커버를 이용해 더 강력하게
보호해준다.

안쪽이 중요해

사용하지 않는 패션잡화에도 세심한
주의를 기울인다. 가방과 구두에는
유산지를 넣어 형태를 유지한다.
여행할 때는 이동 중 신발이 손상되지
않도록 구두골을 넣은 후 짐을 싼다.

믿음직한 구두 수선공의 도움을 받는다

구두가 상하거나, 굽이 닳거나, 버클이
풀려 헐거워졌다면 최대한 빨리 조치를
취한다. 수선은 중요하다. 전문가에게
돈을 주고 도움받는 일은 확실히
가치가 있다. 깜짝 놀랄 만큼 새것처럼
만들어주기 때문이다.

중저가 제품과 최고 디자이너의 작품을 두루 갖춘 피오나 꼬뜨르의 옷장이 늘 깔끔함을 잘 유지하는 것은 정기적인 관리와 유지보수 덕이다. 또 구두골과 옷 커버를 이용해 자신이 가진 패션 아이템을 오래도록 잘 활용한다는 점도 주목하자.

새로운 기업을 연이어 설립해온 사업가이자 데님 열성팬인 애쉬 블랙Ash Black은 다양한 의류 관리 제품을 판매하는
미스터 블랙의 두뇌 역할을 하고 있다. '미스터 블랙'의 상품들은 옷을 보호하고 세탁 주기를 늘리는 데 도움을 준다.

수납과 보관의 생활화

의류 보관과 수납을 올바르게 하는 게 중요하다. 일상적으로 착용하는 아이템을 옷장에 수납하거나 철 지난 옷을 한쪽에 잘 보관하는 일 모두 제대로 해야 한다. 옷장에 쑤셔넣거나 여행가방에 억지로 넣어둔다면, 옷감이 상할 뿐만 아니라 좀벌레의 달갑지 않은 방문을 받을 수 있다. 수납을 잘못하면 옷을 갈아입는 일도 어려워진다. 어떤 옷을 입어야 할지 결정하는 것도 어렵고, 생각한 옷을 찾는 데도 한바탕 소동을 벌여야 한다. 체계적으로 옷을 수납하면 여러 모로 큰 이득이 된다. 옷을 제대로 접거나 적절한 포장재로 싸놓거나 옷걸이에 걸어놓으면, 형태가 유지되고 곰팡이나 작은 생물들의 습격도 막는다. 적절한 수납과 보관은 옷의 경제적 가치를 오랫동안 유지시켜, 돌고 도는 유행 속에서도 생명력을 유지하게 한다.

옷에게도 숨 쉴 틈이 필요해!

빈틈 없이 꽉 찬 옷장은 옷의 형태를
망치고 구김을 만들며 심지어 좀벌레의
습격을 받게 한다. 이런 일을 미연에
방지하기 위해 옷걸이에 걸거나 적절한
방법으로 포장한 뒤 옷장 안에 충분한
공간을 확보해서 공기가 통하도록
해줘야 한다. 공간이 충분하다면
한 계절 혹은 특별한 날에만 입는
옷들은 별도로 보관하는 게 좋다.
그래야 바쁘고 정신없는 아침에 옷의
주인뿐 아니라 옷들도 편안해진다.

접을 것이냐 걸 것이냐

어떤 옷은 접어두는 게 좋고, 어떤
옷은 옷걸이에 걸어두는 편이 낫다.
니트나 모직 류 또는 무게감이 있는
원단에 얇은 어깨끈이 달린 옷은
옷걸이에 잘못 걸 경우 자체 무게로
인해 옷이 상한다. 중력이 원단을
잡아당겨서 목이나 어깨 부분이
늘어나기 십상이다. 이런 옷은 잘
접어서 쌓아두는 게 좋다. 옷을 접어
쌓아둘 때는 무게감이 있는 원단
옷부터 바닥에 놓고 조금 더 가벼운
옷들을 그 위에 놓는다.

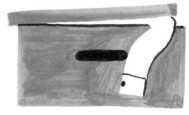

3

제대로 걸기

품질이 좋고 형태가 잘 잡힌 옷은 옷걸이에 걸어둔다. 형태를 적절하게 잡아주기 때문이다. 철사로 만든 얇은 옷걸이는 쉽게 휘어져 옷을 제대로 지탱하지 못한다. 패드가 덧대어지거나 나무로 만든 옷걸이가 좋다. 시폰 상의나 실크드레스처럼 섬세한 원단으로 만든 옷들은 패드가 덧대어진 옷걸이를 사용한다. 가로로 넓은 목재 옷걸이는 코트처럼 묵직한 옷을 거는 데 최적화되어 있다. 클립이 있는 옷걸이는 하의를 걸어놓는 데 좋다. 다만 집게 부분에 스펀지와 같은 보호막이 덧대어져 있는지 확인하라. 자칫 잘못하면 옷에 집게 자국이 난다.

4

섬세한 원단 보호하기

레이스나 실크로 만든 옷은 거친 원단으로 만든 다른 옷에 의해 손상될 수 있다. 자수 장식이나 단을 덧댄 경우도 마찬가지다. 또 옷장에 거친 모서리가 있으면 그곳에 긁혀 옷이 상할 수 있다. 옷장 공간을 나눠 수납하거나 의류 커버로 잘 감싸서 원단이 상하지 않도록 보호한다.

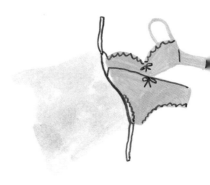

형태 유지하기

패션잡화 아이템을 세심하게 관리하지
않아서 그 삶을 짧게 마감하도록
만드는 불상사가 종종 있다. 구두는
안에 신문을 채운 뒤 반듯하게
보관하면 새것이나 다름없는 모양를
유지한다. 가방의 경우, 중저가
제품이든 고가의 명품이든 상관없이
똑같은 사랑과 관심을 쏟아 관리해야
한다. 낡은 셔츠를 돌돌 말거나
신문지를 구겨 가방 안에 넣어주면
형태가 흐트러지지 않는다. 그런 후
천으로 된 가방(더스트 백)에 넣어서
긁히지 않도록 잘 보호한다.

통풍이 중요해

옷에게도 바람이 필요하다. 보관할
때도 통풍이 되어야 한다는 사실을
명심하자. 비닐커버나 가죽가방 안에
넣어두는 건 좋지 않다. 공기가 통하지
않고 습기가 차서 좀벌레나 흰곰팡이의
서식처가 될 수 있다. 자칫하면 옷의
색상도 변한다. 그러니 바람이 잘
통하는 면가방 안에 옷을 보관한다.
수납공간이 넉넉지 않다면 압축 팩을
사용해도 좋다. 시중에서 쉽게 살 수
있다. 하지만 공기가 통하지 않는 비닐
포장재를 사용하기 때문에 일정한
시간 간격을 두고 내용물이 손상되지
않았는지 확인하는 일이 반드시
필요하다.

깨끗이 세탁 후 보관

철이 지나 보관해둬야 하는 옷이
있다면 먼저 깨끗하게 세탁한다.
육안으로 깨끗하게 보이거나 냄새가
나지 않는다 해도 땀, 음식물, 먼지
등이 남아서 그냥 보관하면 다양한
곤충 불청객의 방문을 받는다. 일반
의약품에 해당하는 좀벌레 약은
사용하지 않는 게 좋다. 불쾌한
향이 날 뿐 아니라 인화성 높은 유해
화학물질인 나프탈렌이 주성분이기
때문이다. 그보다는 천연 구충제
역할을 하는 삼나무 공이나 라벤더
향주머니를 이용해 좋은 냄새를
풍기면서도 곤충들로부터 옷을 지키는
쪽을 권한다.

안정적인 환경 만들기

보관 환경을 안정적으로 유지하는 게
중요하다. 창문 근처에 옷을 걸거나
옷 보관함을 쌓아두지 말아야 한다.
지속적으로 햇빛에 노출되면 색상이
변하고 원단이 약해진다. 지하실이나
다락방, 실외 창고에 보관할 때는 온도
변화에 유의한다. 급격한 온도 변화가
옷을 상하게 한다. 습기 역시 막대한
피해를 주는 요인이다. 습기가 원단에
흡수되면 곧이어 좀벌레가 등장한다.
숯을 파우치에 넣어두면 방습제 역할을
해 의류 손상을 막아준다.

폐기

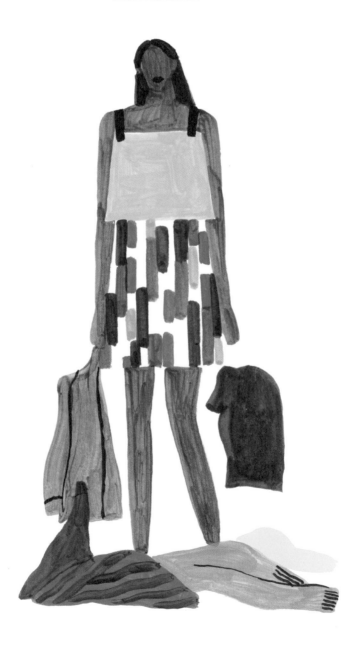

우리의 현실

을 처분하는 일은 한바탕 패션을 소비한 후 그 숙취를 풀기 위해 애를 쓰는 것이나 진배없다. 흥청망청 사들인 뒤 뒤늦은 후회로 아파오는 머리를 부여잡으며 우리는 옷들을 쓰레기 매립장이나 소각로로 보낸다. 드물지만 자선활동을 벌이는 단체를 통해 개발도상국으로 흘러가도록 조치하기도 한다. 많이 소비하면 할수록 더 많이 버리게 된다. 마치 '헌옷'이 '새옷'에게 자리를 양보하는 것처럼. 현재 우리는 20년 전에 비해 400퍼센트나 더 많은 옷을 사들인다는 충격적인 통계도 있다.[24] 지난 11년 동안 쓰레기 매립장에 던져진 의류 폐기물의 양은 38퍼센트나 늘었다.[25]

옷을 쓰레기장에 던져버린 후 발생하는 문제는 한두 가지가 아니다. 현재 생산되는 많은 의류는 폴리에스터나 나일론처럼 썩지 않는 합성섬유로 만들어졌다. 이런 옷들은 플라스틱 병과 마찬가지로 수십 년 혹은 수 세기 동안 썩지 않는다. 또 버림받은 옷가지들은 쓰레기 매립지를 뒤덮은 다른 폐기물들과 함께 오염 기체를 만들어 지구 기후변화를 야기한다. 지역에 따라 폐기 의류를 여타 생활폐기물과 함께 소각하기도 한다. 참으로 소모적인 일에 에너지를 낭비하는 꼴이다.

옷을 소각하거나 쓰레기 매립지에 버리는 건 그 옷을 만들 때 사용된 석유와 물, 화학물질, 농약, 전기, 노동력 역시 버리는 일이다. 입지 않고 쌓아두기만 하는 것 역시 마찬가지다. 소중한 자원을 투여해 만든 물건을 그저 가지고만 있다니! 얼마나 큰 낭비란 말인가?

옷을 폐기하는 대신 자선단체에 기부한다고 해도 낮은 비용으로 형편없이 만든 상품에 대한 과소비는 계속된다. 의류 기부로 재사용을 이끌어낸다는 장점이 있고, 이론상 폐기처분하는 것보다 이롭다고 하지만 그 효과는 생각보다 미미하다. 그런 식으로 아낌없는 자선을 베푸는 행위는 결국 우리가 살고 있는 지역의 섬유 및 의류산업을 질식시킬 뿐 의도했던 관용이 되지 못한다. 멀쩡한 상품을 쓰레기 매립지로 보내거나 소각하거나 다른 나라 문간에 던져버리는 식의 소모적인 전개는 매우 우려스럽고 지속 불가능한 일이다. 우리가 사는 지구의 자원이 점점 줄기 때문이다. 지칠 때까지 쇼핑을 하자는 현대인의 태도가 탐욕스런 의류 생산 사이클을 영속화한다. 나아가 이런 무개념이 지구를 말라죽이고 인간을 멸절시킨다.

"점점 많은 사람들이 옷을 소모품으로 취급한다. 하지만 세심하게 주의를 기울여 옷을 고르면 교환하거나 재판매하거나 기부하는 식으로 계속 이용할 수 있다. 품질 좋은 옷은 행복하게 장수한다!"
—마리케 에이스코트Marieke Eyskoot(지속가능한 패션과 라이프스타일 전문가)

지금 우리가 알아야 할 것들

우리는 너무 많이 버린다

수명이 다하지 않은 의류제품을 마구 버리는 경악스러운 습관으로 인해 유럽 소비자들이 매년 양산하는 의류 폐기물만 5,800만 톤에 이른다.[26] 중국에서는 소비 전후 의류 폐기물을 매년 260만 톤씩 만들어내고 있다.[27]

의류 폐기물의 참담한 최후

우리가 의류수거함에 버린 옷들의 최종 목적지가 어딘지 제대로 아는 사람은 없다. 유럽의 연간 의류 폐기물 중 25퍼센트만이 자선단체나 재생업체에서 재활용된다. 나머지 430만 톤의 폐기물은 쓰레기 매립지나 소각장으로 간다.[28]

환경의 관점에서 평가한 재활용

의류 폐기물의 약 95퍼센트는 재사용 혹은 재활용될 수 있다.[29] 의류 재활용은 알루미늄 재활용에 버금갈 만큼 환경 편익성이 높다. 의류품에 내재된 에너지가 그만큼 크다는 의미다.[30] 의류 폐기는 이런 에너지가 '새롭게' 태어날 기회를 날려버리는 행위다.

너무 많은 자원이 낭비된다

옷을 버리는 건 그 원단에 투여된 인적 자원과 천연자원 모두를 같이 던져버린다는 의미다. 가령 낡은 옷 1킬로그램을 수집하면 이산화탄소 3.6킬로그램과 물 6,000리터, 비료 0.3킬로그램, 농약 0.2킬로그램 배출을 감축한 셈이 된다.[31]

176

환경이 오염된다

섬유 폐기물은 쓰레기 매립장을 꽉
막히게 하고 환경오염에도 가세한다.
폴리에스터와 나일론 같은 합성섬유는
분해되는 데 매우 오랜 시간이 걸린다.
면직이나 모직물 역시 분해 과정에서
메탄가스가 발생해 환경오염에 한몫을
한다.[32] 생각해보라. 나일론 원단이
분해되는 데 30~40년이 걸리고 면
셔츠 한 벌이 분해되는 데도 6개월이
필요하다.[33]

돈을 낭비한다

의류 폐기물이 되어 낭비된 자원은
따지고 보면 우리 경제와 주머니
속으로 돌아올 수 있었던 돈이다.
영국에서는 매년 1억 8,500만 달러의
중고의류가 쓰레기 매립지로 향하고,
중국에서는 매년 920만 달러의 섬유
폐기물이 발생한다.[34]

옷장이 낭비된다

옷장 구석에 쑤셔넣은 채 방치한
옷들은 소실된 가치를 상징한다.
전형적인 현대 가정에서는
약 30퍼센트의 옷을 일년 이상
입지 않은 채 처박아두다가 처분한다.
돈으로 환산하면 가구당
1,300달러(약 150만 원)가
이렇게 소실되는 꼴이다.[35]

우리가 할 수 있는 일들

전 세계에서 발생하는 섬유 폐기물 문제가 너무 거대한 나머지 혼자 힘으로 어찌할 도리가 없다는 좌절감이 들겠지만, 우리에게는 큰 힘이 있다. 섬유 폐기물 대부분은 생각보다 간단한 방법으로 차단할 있다. 수선이나 관리, 재사용, 재활용만 잘 해도 섬유 폐기물은 거의 발생하지 않는다. 자선단체나 지역사회, 기업 등에서 사용하지 않는 옷을 수거하는 일이 늘고 있다. 의류 재사용이 가져다주는 효용이 크기 때문이다. 특히 천연자원에 대한 경쟁이 더욱 치열해지는 상황에서 큰 효용성이 있다. 필요 없어진 의류를 '새로운' 자재로 변모시키는 재활용 기술도 한층 발달하고 있다. 헌옷과 섬유 폐기물로 코트부터 카펫까지 다양한 물건을 새로 만들어낸다.

이제 의식 있는 소비자가 나서야 한다. '다시 쓰고, 고쳐 쓰고, 아껴 쓰자'는 구호를 실행에 옮기는 방법은 다양하다. 필요하지 않거나 한 번도 입지 않은 옷들을 모아서 자선단체에 기부하면 자신이 진정으로 믿는 바를 구현하는 데 기여를 하는 셈이다! 앞으로 소개하는 폐기 처분법에서 영감을 얻어 물물교환하거나 선물하거나 판매하거나 기증하기를 바란다. 각자의 재정에 도움이 되고 자연환경에도 유익한 일이다.

"우리 지구와 사람들이 패션에 투자한 비용이 얼마나 되는지 직접 목격한 이후 필요 없는 옷 처분에 대한 생각이 완전히 바뀌었다. 경솔하게 옷을 처분하는 건 그 옷을 만든 사람들을 존중하지 않는 태도다."
—앤드류 모건Andrew Morgan(영화 제작자)

의류 분해에 걸리는 시간

면직물 1~5개월

나일론 30~40년

가죽 30~40년

폴리에스터 200년 이상

모직물 1~5년

물물교환

패션 취향은 달라질 수 있다. 하지만 변하지 않는 것도 있다. 우리 대부분은 입지 않은 채 오랫동안 옷장 안에 걸어두기만 하는 품질 좋은 옷을 가지고 있다. 시간이 흐르면서 우리의 옷장에는 거의 입지 않는 옷들이 잔뜩 쌓인다.

이런 옷들은 다른 사람의 손에 들어가면 새 생명을 얻어 멋진 패션 아이템으로 거듭날 수 있다. 그러니 물물교환이 답이다. 내게 필요 없는 옷을 깔끔하게 정리하는 한편, '새로운' 아이템을 구할 수 있는 기회이기도 하다. 게다가 이 모든 게 공짜다! 또 물물교환에 나서는 사람들은 대부분 사교적인 성격을 지녀서 쉽사리 친구가 된다. 의식 있는 옷장으로 전향한 사람들이 "물물교환이 쇼핑보다 낫다."고 입을 모아 찬양하는 이유 중 하나가 바로 그 지점이다.

물물교환 준비

먼저 교환할 아이템을 옷장에서 찾는다. 최고 후보작은 얼룩이나 손상이 없는 품질 좋은 옷이다. 교환할 친구나 가족 또는 물물교환 동지에게 자랑스러운 얼굴로 옷을 건네주어야 하지 않겠는가? 사람마다 스타일이 달라서 나에게 가치 없는 옷이 다른 누군가에게는 보물과 같은 아이템이 될 수 있다. 아이템을 찾는 게 만만치 않다면 옷장 편집 작업부터 시작하는 게 좋다(72~77쪽 참고).

교환 상대 물색

인근 지역에서 물물교환 이벤트가 열리는지 찾아보자. 여러 단체에서 주관하는 물물교환 이벤트가 점점 많아지는 추세다. 온라인 물물교환 사이트에서 다양한 취향을 지닌 여러 국적의 사람들과 진행할 수도 있다. 물론 이산화탄소 배출량을 낮추기 위해서는 지역에서 물물교환을 하는 게 좋다. 배송료를 아낄 수 있으니 일석이조다.

3

직접 장을 열자

더 많은 물물교환을 원한다면, 모임을
만들어도 좋다. 친구 두어 명을
초대하거나 조금 더 판을 키워본다.
아니면 학교나 카페, 마을회관에서
이벤트를 열어보면 어떨까. 중요한
것은 규모와 상관없이 폭넓은 사람들이
참여하는 것이다. 몸집과 체격,
스타일이 서로 다른 사람들이 참가해
다양한 선택 기회를 제공해야 한다.
철저하게 준비하는 게 핵심이다.
참가자들이 미리 자신의 물건을 찾고
분류할 시간을 확보해주는 한편,
구체적 거래방식을 만들어야 한다.
비용 충당을 위해 입장료를 받을
것인가? 아니면 자선단체에 입장료를
기부할 것인가? 그리고 옷이 깔끔하게
정리되고 거울이 넉넉하다면, 행사는
더욱 활기를 띤다. 즐거운 마음이
대혼란 때문에 반감되지 않도록
유의한다. 행사를 준비하다 보면
소원하던 친구를 다시 만나거나 새로운
스타일링 비결을 공유하는 행복까지
덤으로 따라온다.

시스템 이해하기

물물교환 행사에 참가하거나 직접
행사를 조직할 때, 거래 시스템을
분명히 확인해야만 한다. 가장
간단한 방법은 일대일 거래다.
가져온 물건마다 1점을 부여해 다른
아이템 하나와 교환할 수 있는 권리를
보장한다. 아니면 '가치' 범주를 정하고
품질에 따라 아이템을 등급화해
보상해주는 시스템을 차용한다.
등급에 따른 가치만큼의 이벤트
통화를 지급하는 식이다. 가령 명품
옷에는 15점, 중간 등급에는 10점,
중저가 브랜드 의류는 5점을 부여한다.
어떤 시스템을 선택하든 궁극적인
목표는 사람들이 즐겁게 참여하고
환하게 웃으며 새로 고른 옷을 들고
가는 것, 다음에도 물물교환에 적극
참여하겠다고 다짐하도록 하는 것이다.

5

물건이 남을 것에 대비한다

물물교환 행사를 끝내고 나면 쓸 만한
패션 아이템임에도 불구하고 제 주인을
찾지 못한 물건들이 반드시 생긴다.
남은 물건이라고 섣불리 폐기처분하면
안 된다. 행사를 준비한 사람들과 함께
남은 물건을 처리할 방법을 찾아본다.
가능한 좋은 일을 지원하는 데 남은
물건이 사용되도록 한다(196~203쪽
참고).

재판매

우리 대부분은 의류 금광을 깔고 앉은 채 채굴할 생각을 하지 않고는 "나한테 안 맞아." "더 이상 마음에 들지 않아."라는 변명만 해댄다. 비싼 옷을 사는 데 쓴 돈이 아까워서 망설이는 건지도 모른다. 하지만 이제 내려놓는 법을 배워야 한다!

더 이상 나의 보물이 되지 못할 옷에는 작별을 고해야 한다.

재판매는 나의 옷장에서 잠자고 있던 옷이 어떤 가치를 지녔는지 눈으로 확인하는 좋은 방법이다. 다른 사람들이 기꺼이 그 가치에 해당하는 돈을 지불하겠다고 나설 때, 기쁨은 얼마나 큰지…. 옷장에서 잠자고 있는 돈을 현금화하는 동시에 옷이 새 주인을 찾아 제 기능을 발휘할 기회를 주자.

"나는 재활용과 리뉴얼의 기치 아래 매년 '옷장 안 쇼핑 러브 페스티벌'이라는
행사를 열어 내 옷을 기꺼이 입어줄 친구들에게 판매한다.
수익금은 자선단체에 기부한다. 작은 일에 불과하지만
큰 보람을 느낀다."

—반다나 테와리Bandana Tewari (〈보그 인디아〉 패션 피처 디렉터)

1

판단은 냉혹하게!

판매의 첫 단계는 무엇을 팔지, 그 제품 판매에 노력을 기울일 가치가 있는지 정하는 것이다. 입지 않는 옷이라면 내놓는 게 좋다. 하지만 다른 사람들이 이 물건을 살까? 단, 내 눈에 구식으로 보이는 옷이 다른 사람에겐 애타게 찾던 아이템일 수도 있다. 옷의 브랜드 평판을 냉혹하게 평가하는 것도 중요하다. 유명 디자이너의 이름이 붙은 중저가 브랜드가 잘 팔리는 건 당연하다. 참고로 중고품 시장에서 인기가 많은 아이템은 품질 좋은 청바지와 빈티지 티셔츠, 가죽가방이다.

2

새것과 다름없는 상태로 전시

중고품이라 해도 '새것'을 산 듯한 기분을 느끼게 해주면 소비자는 기꺼이 지갑을 연다. 재판매에서 고객을 확보하는 기본 원칙은 가능한 깨끗하고 좋은 상태로 판매하는 것. 아무리 빈티지 티셔츠를 사고 싶대도, 그 옷을 입고 신나게 파티를 즐긴 흔적까지 구매하고 싶지는 않다! 냄새, 얼룩, 찢어진 부분은 없는지 살펴보고 판매하기 전에 깔끔하게 수리한다(3장 의류 관리법 참고). 마지막으로, 멋진 전시가 필수다. 특히 유명 브랜드나 명품 옷을 고유한 포장 상태로 전시한다면 중고 쇼핑 경험은 한 단계 업그레이드된다.

3

가격 결정은 요령껏

가격 결정을 위해서는 사전 시장조사가
필요하다. 아이템 및 가격 결정은
상품의 품질과 더불어 판매 플랫폼이
온라인 경매 사이트인지 실제
매장인지에 따라서도 달라진다.
비슷한 아이템의 가격과 거래 현황을
확인해두면 자신이 팔 옷의 가치를
가늠하기 수월하다. 거래 시스템에
따라 요령껏 값을 정할 필요도 있다.
또 판매 플랫폼에 따라 그 매장에서
사용할 수 있는 전용 통화를 주기도
한다. 온라인 경매 사이트를 선호하는
사람이라면 처음 입찰 가격을 낮게
잡아 사람들의 관심을 받는 게 좋다.
입찰이 본격적으로 진행되고 다른
사람들이 생각보다 더 많은 돈을
지불하려 할 때, 기분 좋게 놀랄 수도
있다.

4

온라인 직거래

시간이 넉넉하고 판매할 옷의 품질에
자신이 있다면, 온라인 플랫폼에서
구매 의향을 가진 사람들을
물색해도 좋다. 스레드업thredUP과
바이마이워드롭BuyMyWardrobe을 비롯해
다양한 온라인 플랫폼이 있는데 대부분
수수료를 받는다. 상품등록 내용은
구매자를 유도하는 데 매우 중요하므로
주의를 기울인다. 판매할 옷을
설명해주는 키워드와 세부 타이틀,
브랜드 이름을 활용하는 건 필수다.
치수를 명확히 밝히고 조명을 잘 밝힌
상태에서 찍은 사진을 이용한다.
그래야 구매자가 물건을 분명하게
파악할 수 있다.

5

제철 옷 판매하기

좋은 가격으로 신속하게 완판하길
원한다면, 타이밍이 중요하다. 철에
맞는 옷은 수요가 높다. 한겨울에
비키니를 팔거나 한여름에 모직 코트를
팔면 어려울 수 있다. 판매를 지속할
계획이라면 철에 맞지 않는 옷은
당분간 보관(의류 보관법은 166~171
쪽 참고)했다가 제철이 올 때 꺼내
판매대에 올린다.

6

제대로 판 벌이기

판매 가능한 옷이 많지만 신속하게
팔아버리고 싶다면, 제대로 판을
벌여보자. 물건 팔기에 좋은 곳은
유동인구가 많은 장소다. 자동차
행상이나 벼룩시장, 일반 재래시장에
판매대를 차려보는 것이다. 혼자서도
좋고 다른 사람들과 함께여도 좋다.
친구와 함께라면 더욱 즐겁게 일할
수 있다. 가격과 흥정 폭도 미리
정한다. 에누리는 시장 거래의 꽃이다!
시장판에 나서는 게 부담스럽다면 집
앞에 매대를 여는 '차고 세일' 스타일도
좋다. 인근에 푯말을 세우거나
전단지를 배포하면 고객 유치에 도움이
된다.

위탁 판매도 좋아!

옷을 팔고 싶은데 시간이 부족하다면
다른 사람에게 맡기는 방법도 있다.
빈티지 제품을 파는 작은 가게에서
중고품 위탁 판매를 대리하기도 한다.
시내 중심가에 매장을 열고 온라인
사이트까지 갖춘 곳도 있다. 위탁
판매점의 위치와 단골 보유 정도에
따라 판매 결과가 달라지므로 여러
가게를 둘러본 후 매장을 고른다. 판매
금액 중 30~50퍼센트를 수수료로
지불하니 금전적으로 손해라고 여길 수
있지만 그럼에도 손에 쥐어지는 현금은
있다. 게다가 잘 정리된 옷장이 우리
곁에 남는다.

제조업체에 돌려줘라

필요 없는 옷을 제조업체에 보내
위탁 판매하는 것도 한 방법이다.
브랜드에서 운영하는 헌옷 수거
프로젝트(210쪽 참고)와는 다른
개념이다. 지속가능한 패션에 헌신하는
디자이너와 브랜드가 자신들로 인해
발생한 폐기물에 대한 책임을 진다는
취지로 고객들이 더 이상 입지 않는
옷을 되돌려받고 있다. 이런 진보적인
기업들(필리파 케이와 파타고니아 등)
은 돌려받은 옷을 매장 한쪽에
마련한 중고품 매대나 별도의 중고품
거래매장에서 재판매한다. 이 방식은
해당 브랜드 상품을 폐쇄순환 시스템
(폐기물을 재활용하는 선순환 시스템)
으로 끌어들일 뿐 아니라 누군가에게
필요 없던 옷이 다른 사람에게 다시
선택받고 쓰이는 기회로 작용한다.

10

대여하기

구매한 후 한 번도 입지 않은 옷이라면 쉽게 작별하기 어려울 수 있다. 값이 나가면서 품질 좋은 아이템이라 차마 다른 사람에게 넘길 수 없다면 대여를 해주는 건 어떨까? 대여는 잠자고 있던 옷의 가치를 되살리되 완전히 이별하지 않는 타협안이다. 인터넷에서 직거래가 가능한 의상대여 플랫폼을 찾아보자. 이런 사이트에 대여 물품을 등록하기 위해서는 일정선의 관리비를 지불해야 한다. 대여비에는 세탁비가 포함되고 종종 보험료가 더해진다. 그렇게 해야 본인이 입을 때 최고의 상태를 유지하고, 일정한 수입도 기대할 수 있다.

9

대량 판매

품질 낮은 의류를 대량으로 판매하고 싶다면 의류 매매업자를 통해 한꺼번에 팔 수 있다. 다만 이런 업자들은 우리에게 넉넉한 이윤을 돌려주는 데는 관심이 없다. 킬로그램 당 가격을 매겨서 옷을 수거하는데, 그 값이 매우 싸다. 그렇게 모인 헌옷들은 쓰임새에 따라 재활용, 재판매, 수출품으로 분류된다. 어찌되었든 이런 방법도 쓰레기 매립지에서 최후를 맞이하는 것보다는 낫다. 의류가 재사용되기 때문이다.

애니 조지아 그린버그

애니 조지아 그린버그^{Annie Georgia Greenberg}는 웹사이트 '리파이너리29^{Refinery29}'
의 패션 선임편집자다. 과거 〈럭키〉〈보그〉〈시카고 트리뷴〉에서 기자생활을 했고
마케팅 기업인 영앤루비캄^{Young & Rubicam}에서도 일했다. 뉴욕 라이브 채널과 VH1
채널에서 리파이너리29를 소개한 바 있다.

"의류 재판매와 구제 의류를 구매하는 행위는 멋진 일이다. 금전적으로도, 생태계 및
윤리적 차원에서 그렇다. 유행은 돌고 돈다. 구제 의류 판매점을 돌다 보면 다시 유행하는
아이템을 자주 발견한다. 이렇게 구매하면 저렴할 뿐 아니라 더 이상 생산되지 않는 희귀
제품을 득템할 수도 있다. 사회적 흐름에도 부합한다. 내가 입거나 지니고 있던 물건이
나에게서 효용을 다한 뒤에도 누군가에 의해 다시 사용되는 건 멋진 일이자 사람과 사람
사이를 연결하는 또 다른 방법이다. 자칫 쓰레기로 전락할 뻔한 물건이 새 생명을 얻으면서,
모두에게 이득인 일이다!"

애니의 재판매 요령

무엇이든 팔 수 있다

그 어떤 물건이든 재판매가 가능하다.
구제 의류나 가방, 청바지, 유명
브랜드 제품은 특히 쉽다. 판매할
제품을 선택할 때는 감정에 휩싸이지
않도록 할 것. 마음을 정하기 어렵다면
옷을 입어보고 마음에 드는지 최종
확인한다. 팔아야겠다는 생각이 들면
주저하지 않는다.

인터넷으로 가라

패션 편집자인 나는 종종 옷장을
업데이트해야 한다. 그럴 때
인터넷에서 옷을 재판매한다. 내가
입지 않는 옷이 다른 사람에게는 좋은
아이템이 된다. 옷을 재판매할 마음이
있다면 전 세계 소비자를 대상으로
직거래하는 인터넷 플랫폼 하나를
선택하거나 지역 중고품 위탁
판매점을 찾아가 아이템의 진정한
가치를 되살려보자.

가격이 최고 변수

구매자는 저렴한 가격에 물건을 사려
한다. 반면 판매자는 높은 가격에
물건을 넘기고 싶다. 시장조사를 통해
내가 팔려는 옷의 거래 가격이 어느
정도인지 알아본다. 그렇게 파악한
가격을 기준 삼아 물건 값을 정한다.
가격 책정 지침이 있는 위탁 업체를
통해 전문가의 도움을 받는 것도 좋다.

애니 조지아 그린버그는 패션 편집자답게 옷장을 자주 정리한다.
그 후 인터넷이나 중고품 위탁 판매점을 통해 더 이상 입지 않는 옷을 재판매한다(191쪽 애니의 재판매 요령 참고).

"나와 비슷한 체격과 스타일을 지닌 사람들을 찾을 수 있다면 물물교환은 성공적이다. 친구의 옷을 빌려입는 것도
다양한 옷을 알뜰하게 입을 수 있는 또 다른 방법이다."
—리사 코넬리우손과 엠마 엘윈Lisa Corneliusson & Emma Elwin(메이킷라스트 공동 운영자)

선물하기

흔히 선물을 하려면 새로운 물건을 사야 한다고 여긴다. 그리고 가장 흔한 선물
아이템은 의류다. 하지만 내게 필요 없는 옷을 선물한다면 자원을 재활용하는
독창적인 방법이 될 것이다! 우리 대부분은 한 번도 입지 않은 의류와 액세서리로
가득한 '부티크' 하나 정도는 보유하고 있다. 바로 우리 옷장이다.
이 부티크에서 찾은 아이템이 다른 사람에게 정말 고마운 선물이
될 수 있다는 사실을 잊지 말자.

온전하고 좋은 아이템으로

누구에게든 옷을 선물할 때는 받는
사람의 스타일과 필요를 고려해야
한다. 게다가 '온전한 상태를 지닌
고품질 아이템'이어야 한다. 쓰레기
더미를 받았다는 느낌을 줘서는
곤란하다. 혹 개인적인 사연이 담긴
옷이라면 그 사연을 자세히 들려준다.
이런 선물은 주는 사람과 받는 사람
모두에게 남다른 의미를 부여한다.
자신의 옷이 새 생명을 얻어 다른
사람을 돋보이게 하는 건 큰 기쁨이다.
나아가 친구의 쇼핑 욕구를 억제하도록
돕는다면 더할 나위 없다.

사회에 기여하기

약간의 시간과 사려 깊은 마음을
투자하면 옷으로 지역사회에 기여할 수

있다. 교회나 주민센터, 학교, 재활원,
양로원에 게시된 포스터나 안내문을
찾아읽다 보면 헌옷 기부 문구를
흔하게 접한다. 겨울철 노숙자에게
모직 코트를 제공하는 센터에 헌옷을
기부해도 좋다. 우리에게 필요한 건
상상력, 그리고 우리 옷에게 새 생명을
부여하겠다는 의지다.

해방시켜라

필요 없는 옷을 몽땅 기부하는 건
어떨까? 헌옷을 판매할 생각이
없고 쓰레기 매립지로 보내고
싶지도 않다면, 지역 주민센터나
공공게시판에 공짜로 의류를
나누겠다는 안내문을 붙여보자. SNS
로 나눔 의지를 피력하는 것도 좋다.
그렇게 하면 가까운 곳에 사는 많은
사람들에게 옷을 나눠줄 수 있다.
아니면 재활용센터에 옷을 넘겨준다.
이렇게 하면 옷장을 차지하고 있던
골칫덩이들이 복덩이로 재탄생한다.

기증하기

우리 옷장에는 값진 물건들이 가득하다. 하지만 더 이상 사용하지 않는 물건들.
그저 끌어안고만 있는 것은 어느 모로 보나 비윤리적이고 부도덕한 짓이다.
비축은 자선을 통해 도움이 필요한 사람들에게 돌아갈 잠재적 이점을 억제하는
행위다. 옷의 상태와 상관없이, 필요 없어진 옷은 많은 단체에 도움이 된다.

옷의 여정 이해하기

옷을 기증한 후 벌어지는 일에 대해 우리는 오해를 한다. 사람들은 흔히 기증한 옷이 어려움에 처한 사람에게 무상으로 전달될 것이라 믿는다. 그런 곳도 더러 있지만 더 많은 경우 자선단체들은 기증받은 옷을 되판다. 품질이 나쁘거나 잘 팔리지 않는 옷은 상업적으로 재활용하는 기업에 넘겨 기금을 조성한다. 그렇게 팔려나간 옷은 중고의류 시장이 형성된 아프리카와 동남아시아에 다시 팔린다. 기증하려는 자선단체에 옷을 어떻게 처리하는지 물어보라. 팔리지 않는 옷들의 향방도 함께 묻는다. 내 옷의 여정을 많이 알수록 선택의 가치와 확신도 강해진다. 쓰레기 매립지로 갈 뻔한 폐기물의 진로를 새로 개척해냈기 때문이다.

어떤 대의에 동참할까?

가장 마음에 와닿는 자선단체를 찾아 후원하면 기증의 의미도 깊어진다. 다양한 자선단체가 교육, 빈민구호, 아동복지, 동물복지, 인권 등 서로 다른 기치 아래 활동한다. 그러므로 후원 단체를 결정하는 자체로도 가슴 뛰는 일이다. 어떤 일에 나의 가슴이 뛰는지 알아보라. 친구에게 조언을 구하거나 인터넷으로 검색해도 좋다. 그렇게 찾은 자선단체를 방문하거나 그들이 운영하는 매장에 가서 어떤 종류의 기증품이 가장 필요한지 묻는다. 많이 알면 알수록 후원하려는 단체의 필요에 맞춰 도움을 줄 수 있다.

3

재판매 가능한 물품으로!

즉시 판매 가능한 옷을 기증해야
한다. 자선단체에서는 기증받은 옷을
세탁하거나 수선할 여력이 없다.
사랑해주지 못했던 옷이지만 변화의
주역이 될 수 있도록 변신시켜야
한다. 기증 전에 그 가치를 높여서
자선단체가 잘 활용할 수 있도록
돕는다.

4

제대로 전달한다

자선단체에서 운영하는 매장은
기증받은 물건에 의존해 운영된다.
그러므로 제대로 전달해줘야
현금화할 수 있다. 기증 방법은
매장마다 다양하다. 매장으로
옷을 직접 가져가거나 인근 분류
장소에 가져다줘야 하는 경우도
있다. 기증하는 시간도 중요하다.
산타클로스처럼 야심한 시간에
찾아가거나 근무 시간 외에 옷을
가져다놓지 마라. 비를 맞거나 최악의
경우 도난당할 수도 있다.

좀 더 편한 기증법들

슈퍼마켓이나 주차장, 재활용시설 같은 공공장소에 수거함을 마련해두는 단체들도 있다. 이런 경우 보안이 좋고, 방수가 되는 대형 수거함이 있어서 옷이 손상되거나 도난당할 일이 없다. 헌옷을 취급하는 일은 의뢰로 수익성이 있는 사업이다! 자선단체에서는 마크앤스펜서와 자라를 비롯한 패션 브랜드와 협약을 체결해 매장에 수거함을 가져다놓기도 한다. 다만 브랜드 자체에서 진행하는 헌옷 수거 프로젝트와 혼동하지 말자 (210쪽 참고). 그런 프로젝트는 수거한 헌옷을 자사 이익을 위해 사용한다. 깨알 같은 안내문이 수거함에 붙어 있을 테니 확인해보자.

집에서 앉아 기증할 수도 있다

물건을 더 많이 모으기 위해 집집마다 찾아가 수거하는 자선단체도 있다. 수거가방에 헌옷을 담아두었다가 정해둔 날 문 밖에 내놓으면, 자선단체가 직접 수거하거나 외주를 받은 헌옷 수거업체가 가져간다. 후자의 경우 수익이 그만큼 줄어드는 걸 감수해야 한다. 기증한 옷을 통해 발생하는 수익이 고스란히 자선단체로 돌아가게 하고 싶으면 직접 옷을 가져다준다. 마지막으로 주의할 게 있다. 자선단체의 평판이나 진정성을 확인해야 한다. '자선'이라는 말을 로고로 사용하는 중고의류 거래업체들이 헌옷을 수거해 사익을 추구하는 경우가 왕왕 있기 때문이다.

"나는 다른 사람이 아껴 입던 구제 의류를 주로 애용한다. 내가 애용한 다음 필요 없어지는 때가 오면
그 옷들은 패션 순환 시스템으로 되돌려놓는다. 뿌린 대로 거두는 법이다.
그런 이유로 '리드레스Redress'에서는 지속가능한 옷장을 열렬히 옹호한다."
—크리스티나 딘Christina Dean(리드레스 대표)

"자선단체가 운영하는 매장을 찾거나 물물교환을 통해 사회적으로 도움이 되는
흥미로운 일에 옷을 공급하는 건 결국 사람과 사람이 만나는 일이다.
나아가 광고의 손아귀에서 우리의 스타일과 개성을 해방시키는 일이다."
—레이 맥알리아Leigh McAlea(트라이드 대표)

7

사회운동을 위한 속옷

브래지어와 팬티처럼 사적인 아이템의
경우, 낡으면 아무런 가치가 없다고
생각하겠지만 천만의 말씀이다.
지구상에는 브래지어를 착용할
엄두조차 내지 못하는 여성이 수백만
명이다. 그러니 내게 필요 없는
속옷들이라도 큰 도움이 될 수 있다.
'브라비시모Bravissimo'나 '스몰스포올
Smalls for All' 같은 단체들이 중고 속옷을
모아 개발도상국 여성들에게 보내거나
판매기금을 조성하고 있다. 그러니 헌
속옷도 사회운동에 기여하도록 하자.

8

더 필요한 곳에 보내기

의류에 집중해 구호품을 모을 때가
있다. 자연재난이나 전쟁이 일어나
의류 지원이 긴급한 경우다. 혹시 이런
곳은 없는지, 관련 정보를 찾아본다.
봉사활동에 열정이 있는 사람이라면
직접 봉사 모임을 조직하는 것도
좋다. 지인들에게 헌옷을 기증하도록
설득하고 한 걸음 더 나아가 윤리적
패션에 대한 마음가짐까지 전파할 수
있다.

"잠비아에 여행을 가는데 수하물 허용량에 여유가 생긴 적이 있다. 나처럼 짐이 많지 않은 여행객들에게 부탁해 기증품을 받는 자선단체가 있다는 이야기를 들은 기억이 났고, 때마침 프로젝트 '루앙와Project Luangwa'를 알게 되었다. 성적 학대를 당하며 지내는 소녀들에게 속옷을 지급하고 건강한 성의식을 일깨워주는 곳이었다. 나는 친구와 동료들에게 부탁해 353벌의 브래지어를 모아 직접 잠비아에 가져다주었다."

—사예 간바리Sayeh Ghanbari(유명 블로거)

보니 첸

우아한 캣워크를 선보이며 전 세계 패션잡지의 커버를 장식하고 있는
모델 보니 첸Bonnie Chen은 크리스티안 디올, 비비안 탐 같은 브랜드나 〈보그〉
〈엘르〉 등 매체에서 작업했다. 리듬체조 전미 챔피언이기도 한 보니는 펜실베이니아
대학교에서 심리학을 전공했다. 2012년 자폐증 소아들을 위한 자선단체
'스타 버니 러브Star Bunny Love'를 설립했으며, 에코시크 디자인 어워드
홍보대사도 맡고 있다.

"패션업계에서 일하며 너무나 많은 의류 폐기물이 발생하는 걸 목격했다. 우리는 끊임없이
최신 유행을 좇으며 엄청난 양의 쓰레기를 만들어낸다. 안 입는 옷들도 자선단체를 통해
좋은 일에 쓰일 수 있다. 나는 자폐증을 앓는 어린이를 위한 기금 조성을 위해 '스타 버니
러브'를 설립했다. 내게 정말 소중한 일이다. 중국에는 서구사회처럼 공공장소에서 헌옷을
수거하는 제도가 마련되어 있지 않다. 그런데 패션을 사랑하는 나의 친구들은 필요 없어진
옷이 좋은 일에 쓰이기를 진심으로 원했다. 나의 열정과 친구들의 소망이 결합돼 기금
조성을 위한 최고의 기회가 만들어졌다."

보니의 헌옷 기증 요령

직접 판매한다!
헌옷을 재판매하거나 재활용하는
시스템이 없다면, 다른 사람들에게
옷을 기증받은 후 직접 현금화하는
일에 나선다. 그 돈으로 원하는 단체를
후원하면 된다.

판매 가능한 물품을 기증한다
기증하는 옷은 깨끗이 세탁한 뒤
깔끔하게 수선해두어야 한다. 곧바로
옷걸이에 걸어서 판매 가능한 상태여야
현금화할 수 있고, 그래야 우리가
돕고자 하는 단체에 도움이 된다.

믿을 만한 자선단체를 찾는다
머리와 가슴으로 지지하는 단체를
찾아서 옷 기증이 필요한지 알아본다.
어려운 사람들에게 직접 물품으로
기증하거나 바자회를 통해 판매해
기금을 조성할 수 있는지….

패션 트렌드를 중시하는 모델생활을 수년 간 해온 첸은 멀쩡하지만 더 이상 필요 없어진 옷을 자선단체에
기증하는 식으로 옷의 지속가능성에 동참하기 시작했다(보니 첸의 기증 요령은 205쪽 참고).

캐나다의 메이크뉴 큐레이티드 트리프트 숍Makenew Curated Thrift Shop에서는 중고의류
및 눈썰미 있는 시선으로 찾아낸 빈티지 의류와 더불어 신예 디자이너들의 지속가능한
액세서리와 보석류, 가정용품을 판매한다.

재활용 업체에 넘기기

필요 없어진 물건의 최종 목적지는 쓰레기통이라고 여기는 사람들이 많다.
하지만 다시 생각해볼 필요가 있다. 섬유는 100퍼센트 재활용 가능한 소재다.
그러므로 옷은 쓰레기 매립지에 갈 일이 전혀 없는 물건이다.

문제는 많은 사람들이 헌옷을 두 팔 벌려 환영해줄 다수 업체가 존재한다는
사실을 모른다는 점이다. 우리의 무지로 인해 수백만 톤의 직물이 쓰레기 매립장을
가득 메운다. 새로운 형태로 변신해 또 다른 유용한 물품으로서 거듭날 수 있는
직물이 이런 식으로 낭비되는 것이다. 바로 이 부분에서 영리를 추구하는 재활용
업체가 개입한다. 이 업체들은 거의 모든 것을 받아간다. 옷가지를 신속하면서도
편리하게 처분하는 데 도움을 준다. 이런 업체를 활용하면 없는 시간을 쪼개
재활용품을 구분하는 수고를 덜 수 있다.

1

문의하고 알아본다

재활용 업체는 이윤을 추구하는 기업이다. 대부분의 업체는 다른 시장에 옷가지를 팔아 돈을 번다. 즉 우리가 처분한 옷의 진짜 최종 목적지를 제대로 알 수 없다는 말이다. 있는 그대로의 모습으로 재판매될 수도 있지만 찢겨서 충전재로 사용되기도 한다. 이런 식으로 쓰이는 걸 다운사이클링(가치하향형 재활용)이라고 한다. 물건의 수명을 연장하고 쓰임새를 유지해 자원을 최대한 이용하는 방법은 업사이클링이다. 본래의 용도인 옷으로 재활용하는 게 여기에 해당된다. 헌옷을 업체에 건네주기 전에 옷의 최종 목적지가 어디인지 알아보라. 업사이클링 업체에 옷을 넘기지 못했다고 낙담할 필요는 없다. 모든 상업적 재활용은 쓰레기 매립지에 보내버리는 처사보다 더 낫기 때문이다.

2

남김 없이 처분한다

재활용 업체는 재활용계의 대머리 독수리다. 무엇이든 다 먹어치운다. 낡은 잠옷과 속옷까지. 그러므로 옷이 상하거나 얼룩이 묻거나 심각한 수준으로 구식 디자인이라 해도 걱정할 필요가 없다. 재활용 업체들은 그 모든 것들을 돈으로 본다. 그들에게는 많은 물품을 확보하는 게 핵심이다. 적을수록 좋다는 말은 이들에게 통하지 않는다. 많은 게 정말 좋다.

헌옷 수거하는 제조업체 찾기

쇼핑과 재활용을 동시에 하는 방법도
있다! 헌옷 회수 이벤트를 여는
브랜드가 점점 느는 추세다. 리바이스,
H&M, 노스페이스를 비롯한 대형
브랜드들도 매장 안에 재활용 의류
수거함을 비치하고 있다. 헌옷을
가져다주면 재활용 업체에 넘겨 지구
반대편 사람들에게 판매하거나 품질이
좋은 옷들을 골라 중고의류 시장에서
거래한다.

재사용이 불가능한 옷이라면 갈가리
찢어 원사로 만든 후 '새로운' 원단을
직조하는 데 쓴다. 이런 재활용
경로는 수명을 다한 옷에 적합하다.
기업들은 더 많은 참여를 유도하기
위해 재활용할 옷을 가져오는 고객에게
쿠폰을 발행하기도 한다. 하지만 이런
식으로 옷을 처리할 수 있다는 걸 핑계
삼아 불필요한 쇼핑을 해서는 안 된다.
헌옷 회수 이벤트 진행 여부는 매장에
문의하거나 해당 브랜드 홈페이지를
찾아 자세히 알아보면 된다.

그 외 재활용 센터들

지방의회나 독립 재단에서 운영하는
대형 폐기물 센터는 대개 교외 지역에
위치한다. 이곳의 유일한 목적은
우리가 버리는 폐기물을 수거하고
관리하는 것이다. 헌옷뿐만 아니라
유리, 종이, 플라스틱도 이곳에
가져다주면 재활용된다. 심지어 주방
싱크대도 환영한다! 영리를 추구하는
재활용 센터와 마찬가지로 이런 곳도
우리가 보낸 옷이 이후 어떤 여정을
걷게 될지 명료하게 알려주지 않는다.
그래도 어떤 식으로든 재활용된다면,
쓰레기 매립지로 향하는 것보단 낫다.
내가 사는 지역에 이런 재활용 센터가
있는지 알고 싶다면 지방의회나 구청에
문의하면 된다.

다시 한 번 더 생각하기

옷을 입다 보면 언젠가는 얼룩지고 찢어지고 상해서 그 수명을 마감하는 날이 온다. 때로는 더 이상 입을 수 없게 되었음에도 이별을 고하지 못한 채 수납장 한쪽에 고이 모셔둔다.

하지만 창의력이 있다고 자부하며 의식 있는 옷장을 제대로 구현하고 싶은 사람이라면 바꿔 입거나 되팔거나 기증할 수 없는 옷에도 새 생명을 불어넣을 길을 찾는다. 상상력과 창의력을 약간만 발휘한다면, 집에 있는 섬유 상당수를 재사용할 수 있다. 그렇게 하다 보면, 폐기물 제로를 목표로 하는 날이 다가올지도 모른다.

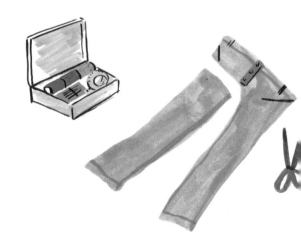

용도 변경하거나…,

입을 수 없게 된 옷이라고 해서
다른 용도로 사용하지 말란 법은
없다. 옷을 잘게 찢어 퀼트를 하거나
러그로 만드는 것도 하나의 방법이다.
감각적이고 아름다운 액자에 담아
예술작품처럼 꾸밀 수도 있다.
프린트가 아름다운 스카프나 자녀의
배냇저고리를 액자에 담아보자.
낡았거나 손상된 옷이라면 쿠션이나
장난감 충전재로 사용해도 좋다. 옷의
변신은 무죄다! 용도 변경의 한계는
우리의 상상력뿐이다.

해체하라

꼼꼼하게 관찰하면 입을 수 없는
옷에서도 구조해낼 만한 기능이나
패션 디테일이 보인다. 해체해서
단추나 지퍼, 자수 장식을 구해 바느질
상자에 담아놓는다. 그러면 다른
옷을 수선하거나(156~161쪽 참고)
DIY(90~95쪽 참고)로 개조할 때 활용할
소중한 자원이 된다.

"나는 버려진 옷을 활용하는 걸 '그림 그리기'와
같다고 생각한다. 창의적 활동인 동시에 변화와
치유의 수단이기 때문이다.
버려진 옷으로 예술작품을 만드는 일은
이 세상을 해체해 조금 더 유쾌한 방식으로
재조립하는 걸 가능케 한다."
—린다 프리드만 슈미트Linda Friedman-Schmidt(화가)

걸레 만들기

걸레를 돈 주고 사지 말자. 섬유
생산비용을 발생시키는 일이다.
대신 헌옷을 걸레로 사용하면 된다.
천연섬유는 청소하기에 그만이다.
흡수력이 좋기 때문이다. 낡은 면
셔츠, 플란넬 잠옷, 수건 천으로 된
실내복은 완벽한 걸레 소재다. 세차를
하거나 은제품에 광을 내거나 창문을
문질러 닦는 데도 굿! 성실하고
진지하게 접근하는 사람이라면 면을
긴 끈 모양으로 잘라 나무막대기에
묶은 뒤 대걸레로 쓸 수도 있다.
의식 있는 옷장 및 가정생활에 한 걸음
더 가까워지는 활동들이다.

정원에서 사용하기

생분해가 불가능한 섬유가 있다면 식물
밑동 주변에 가져다놓아라. 잡초가
자라는 것을 막아준다. 자갈이나
테라스 돌 아래 깔아놓아도 화학
제초제를 사용할 필요성이 줄어든다.
화분 안에 옷을 안감처럼 펼쳐놓고
흙을 넣으면 흙이 유실되는 걸 막고,
물이 줄줄 새지 않게 해준다. 이 모든
게 버려진 옷이 다시 한 번 유용하게
쓰이도록 돕는 길이다.

5

퇴비로 만들기

면이나 실크, 리넨, 마와 같은
천연섬유 옷이 낡아 못 쓰게 되었다면
퇴비 더미에 던져버리는 것도 좋은
방법이다. 그런 섬유들은 주방과
정원에서 나온 폐기물과 한데 어울려
생분해된 뒤 훌륭한 비료로 거듭난다.
가늘게 잘라 버리면 퇴비화 과정이
가속된다. 여기서 주의할 게 있다.
100퍼센트 천연섬유만 사용한
옷일지라도 실이나 덧댄 테두리 장식이
폴리에스터 소재일 수 있다. 이런
것들은 자연 생분해가 불가능하다.
퇴비 더미를 잘 살펴서 원단이 분해한
후에도 남아 있는 폴리에스터 성분은
골라내야 한다.

말린 페르손

인테리어 스타일리스트 말린 페르손Malin Persson은 15년 동안 모델 활동을 하는 동안 샤넬, 디올, 지방시, 돌체앤가바나와 같은 브랜드와 일했다. 또한 '스칸디나비아 톱모델'이라는 TV 리얼리티 프로그램에 출연했고, 로마에 사는 동안 '살로토42Salotto 42'라는 북바를 운영하기도 했다. 스웨덴으로 돌아온 후에는 인테리어 스타일리스트로 활동하며 잡지와 TV에 출연하고 엘르 데코레이션Elle Decoration의 블로그에서도 소식을 전하고 있다.

"다 사용한 상품은 버려야 한다는 통념이야말로 버려야 한다. 우리는 너무 빨리 낡은 것을 버린다. 물건에 어린 정서적 · 환경적 가치를 고려하지 않은 채 새로운 물건으로 대체한다. 우리 집에 있는 물건의 80퍼센트는 중고품이다. 나는 새것을 거의 사지 않는다. 뭔가 변화를 주고 싶을 때, 내가 이미 가진 것들이 무엇인지 살펴보고 그것들을 활용할 방법을 모색한다. 다 쓰고 난 물건은 잘 챙겨 지하실에 넣어둔다. 몇 달 후 다시 보면 그 물건들의 가치가 새롭게 재발견된다."

말린의 재사용 요령

옷은 예술작품이 된다

옷의 진정한 아름다움을 만끽하라.
더 이상 입지 않는 옷이라고 해서
옷장 구석에 처박아둘 필요는 없다.
아름다운 옷이라면 창가나 벽면,
옷장 밖에 걸어놓는다. 개성 넘치는
인테리어 소품으로 손색이 없다. 나는
결혼식 때 입었던 웨딩드레스를 몇 년
동안 침실 벽에 걸어놓고 인생에서
가장 행복했던 순간을 상기하는
인테리어 소품으로 활용했다.

어떤 것도 버리지 않는다

더 이상 입을 수 없을 지경이 된
옷도 다양하게 재사용할 수 있다.
청바지는 내구성이 좋기 때문에 원단을
잘라 쿠션을 만들거나 소파 천으로
재활용하기 딱 좋다.

쓰임새를 다시 생각한다

옷이나 액세서리가 본래의 쓰임새를
다했다면 전혀 다른 용도로 사용할
수 있다. 오래 신어서 낡았거나 너무
불편해 신기 힘든 하이힐이 있다면
북엔드bookend(세워놓은 여러 권의 책이
쓰러지지 않도록 양쪽 끝에 받치는 물건)
로 그만이다. 애용하던 실크 잠옷은
럭셔리한 커튼으로 거듭날 수 있다.

말린 페르손은 통찰력이 돋보이는 스타일을 일상 모든 것에 적용한다.
헤진 청바지로 의자를 만드는 방식으로 지속가능한 대안을 찾는 일에 열정을 기울인다.
말린은 빈티지 아이템에 대해 남다른 안목을 지닌 스타일리스트다(말린의 요령은 217쪽 참고).

소위 '죄책감 없는 소비'를 해야 한다는 신념 아래 순환경제에 헌신하는 '머드 진스MUD Jeans'는
수명을 다한 자사 옷을 다시 보내는 일에 참여해 달라고 고객들을 장려한다.
그렇게 수거한 옷들은 재활용 공정을 통해 새옷으로 거듭난다. 사진 속 스웨터
역시 84퍼센트 재활용 데님 원단으로 만들어졌다.

주석

1. How can the fashion industry become more sustainable? (2015, March 29). Retrieved from www.businessoffashion.com/community/voices/discussions/can-fashion-industry-become-sustainable.

2. Streamlined life cycle assessment of two Marks & Spencer apparel products (2002, February). Retrieved from https://researchingsustainability.files.wordpress.com/2012/01/streamlined-lca-of-2-marks-spencer-pls-apparel-products.pdf.

3. Hower, M. (2013, April 29). Nike, NASA, US State Department and USAID seek innovations to revolutionize sustainable materials. Retrieved from www.sustainablebrands.com/news_and_views/articles/nike-nasa-us-state-department-usaid-seek-innovations-revolutionize-sustainab.

4. Reducing the environmental impact of clothes cleaning (2009, December). Retrieved from randd.defra.gov.uk/Document.aspx?Document=EV0419_8628_FRP.pdf.

5. The True Cost (film), 2015; Consumer wealth and spending: The $12 trillion opportunity (2012). Retrieved from www.atkearney.com/documents/10192/278946/consumer+wealth+and+spending.pdf.

6. Jan Whitaker, Service and Style: How the American Department Store Fashioned the Middle Class (New York: St Martin's Press, 2006); Trends: An annual statistical analysis of the US apparel and footwear industries (2009, August). Retrieved from www.wewear.org/assets/1/7/Trends2008.pdf.

7. Davis, R. (2006, October 9). How to say no to impulse buys. Retrieved from www.redbookmag.com/life/money-career/advice/a255/impulse-buys-yl/.

8. Westwood, R. (2013, May 1). What does that $14 shirt really cost? Retrieved from www.macleans.ca/economy/business/what-does-that-14-shirt-really-cost.

9. International trade statistics 2014. Retrieved from www.wto.org/english/res_e/statis_e/its2014_e/its14_toc_e.htm.

10. Cotton (2016). Retrieved from pan-uk.org/organic-cotton/wearorganic-homepage.

11. Water stewardship for industries: The need for a paradigm shift in India (2013, March 1). Retrieved from http://re.indiaenvironmentportal.org.in/reports-documents/water-stewardship-industries-need-paradigm-shift-india.

12. Figures based on 16 pairs of jeans, from Deloitte, Fashioning Sustainability 2013.

13. Globalization changes the face of textile, clothing and footwear industries (1996, October 28). Retrieved from www.ilo.org/global/about-the-ilo/newsroom/news/WCMS_008075/lang--en/index.htm.

14. Smith, R.A. (2013, April 17). A closet filled with regrets. Retrieved from www.wsj.com/articles/SB100014241278873242

40804578415002232186418.

15. Bye, E., and E. McKinney (2015, April 21). Sizing up the wardrobe: Why we keep clothes that do not fit. Retrieved from www.tandfonline.com/doi/abs/10.2752/175174107X250262.

16. Valuing our clothes (2012). Retrieved from www.wrap.org.uk/sites/files/wrap/VoC%20FINAL%20online%202012%.07%2011.pdf.

17. Ibid.

18. Streamlined life cycle assessment of two Marks & Spencer apparel products (2002, February).

19. Valuing our clothes (2012).

20. Clothes washers (energystar.gov/products/appliances/clothes_washers).

21. Mercola, J. (2012, May 13) The worst ingredients in laundry detergent. Retrieved from www.care2.com/greenliving/the-worst-ingredients-in-laundry-detergent.html.

22. United States Environmental Protection Agency, 2012.

23. Valuing our clothes (2012).

24. Lucy Siegle, To Die For: Is Fashion Wearing Out the World? (London: Fourth Estate, 2011).

25. Municipal solid waste in the United States: 2011 facts and figures (2011). Retrieved from https://nepis.epa.gov/Exe/ZyNET.exe/P100GMT6.TXT.

26. Less is more: resource efficiency through waste collection, recycling and reuse (2013). Retrieved from www.foeeurope.org/sites/default/files/publications/foee_report_-less_is_more_0.pdf.

27. China Association of Resource Comprehensive Utilization 2013.

28. Recycling post-consumer textiles (2001). Retrieved from http://cordis.europa.eu/result/rcn/80681_en.html.

29. Donate, recycle, don't throw away! (n.d.) Retrieved from www.smartasn.org/educators-kids/MARTInfographtextileRecycling.pdf.

30. Recycling of low grade clothing waste (2006, September). Retrieved from www.oakdenehollins.co.uk/pdf/defr01_058 low_grade_clothing-public_v2.pdf.

31. University of Copenhagen, 2008.

32. Valuing our clothes (2012).

33. Textiles (n.d.). Retrieved from www.bir.org/industry/textiles.

34. Measuring biodegradability (2008). Retrieved from http://sciencelearn.org.nz/Contexts/Enviro-imprints/Looking-Closer/Measuring-biodegradability.

35. Valuing our clothes (2012).

고자료 및 사진출처

...생 끝에 우리가 애용하는 유용한
...이트 주소와 서적, 브랜드, 단체에
...한 정보를 집대성했다. 더 자세한
...용을 알고 싶다면 웹사이트를 찾아가
...아보라.

...드레스

...dress.com.hk/dresswithsense
...ebook.com/RedressAsia
...tagram.com/GetRedressed

...감을 얻은곳
...로그와 온라인 매체
...nscious Living TV
 consciouslivingtv.com
...nscious
 consciousmagazine.co
...outerre
 ecouterre.com
...shion Me Green
 fashionmegreen.com
...ardian Sustainable Business
 theguardian.com/us/sustainable-
 business
...ke It Last
 makeitlast.se
...blime
 sublimemagazine.com
...ash is for Tossers
 trashisfortossers.com
...ro-Waste Home
 zerowastehome.com

...과 영상 자료
...ndy Black, *The Sustainable Fashion
 Handbook* (London and New York,
 2012).
...eta Eagan, *Wear No Evil: How
 to Change the World with Your
 Wardrobe* (Philadelphia, 2014).
...ontline Fashion* (documentary), 2016
...fia Minney, *Slow Fashion*
 (Northampton, UK, 2016).
...cy Siegle, *To Die For: Is Fashion
 Wearing Out the World?* (London,

2011).
The True Cost (dir. Andrew Morgan),
 2015.
Geneva Vanderzeil, *DIY Fashionista:
 40 Stylish Projects to Reinvent and
 Update Your Wardrobe* (London,
 2012).

단체
Ethical Fashion Forum
 ethicalfashionforum.com
Fashion Revolution
 fashionrevolution.org
Greenpeace: Detox our Future
 greenpeace.org
Nice Fashion
 nordicfashionassociation.com/nice

사람들
Orsola de Castro
 twitter.com/orsoladecastro
Christina Dean
 instagram.com/drchristinadean
Livia Firth
 instagram.com/livia_firth
Camilla Marinho
 instagram.com/damn_project
Safia Minney
 twitter.com/SafiaMinney
Summer Rayne Oakes
 instagram.com/srmanitou
Amber Valletta
 instagram.com/ambervalletta
Matteo Ward
 instagram.com/matteo.ward Marci
 Zaroff
instagram.com/marcizaroff

구매
브랜드
Christopher Raeburn
 christopherraeburn.co.uk
EcoChic Design Award alumni (Angus
 Tsui, Katie Jones, Wan & Wong
 Fashion, Farrah Floyd, ï Miss

Sophïe, Benu Berlin, Alex Leau,
 Classics Anew, Awa Awe, Tiffany
 Pattinson, Leif Erikkson, Clémentine
 Sandner, Norst, WindausWister)
ecochicdesignaward.com/alumni
Edun
 edun.com
Eileen Fisher
 eileenfisher.com
Everlane
 everlane.com
FEED
 feedprojects.com
Freitag
 freitag.ch
Goodone
 goodone.co.uk
Honest by
 honestby.com
Johanna Ho
 johannaho.com
Knotti
 knotti.co
Kuyichi
 kuyichi.com
Matt & Nat
 mattandnat.com
MUD Jeans
 mudjeans.eu
Nudie Jeans
 nudiejeans.com
O My Bag
 omybag.nl
Pants to Poverty
 pantstopoverty.com
Patagonia
 patagonia.com
People Tree
 peopletree.co.uk
Reformation
 thereformation.com
(Re)vision Society
 revisionsociety.com
Stella McCartney
 stellamccartney.com

Study 34
  study34.co.uk
Tengri
  tengri.co.uk
Timberland
  timberland.co.uk
TOMS
  toms.com
Veja
  veja-store.com
Vetta
  shopvetta.com
Wool and the Gang
  woolandthegang.com

온라인 수선집
A Boy Named Sue
  aboynamedsue.co
ASOS (Eco Edit)
  asos.com
Master & Muse
  masterandmuse.com
Not Impossible
  buyimpossible.com
Rêve en Vert
  revenvert.com
Shopethica
  shopethica.com
Yooxygen
  yoox.com/us/project/yooxygen
Zady
  zady.com

대여
Bag Borrow or Steal
  bagborroworsteal.com
Lena: The Fashion Library
  lena-library.com
Le Tote
  letote.com
L'Habibliothèque
  lhabibliotheque.com
Rentez Vous
  rentez-vous.com
Rent the Runway
  renttherunway.com
Yeechoo
  yeechoo.com

중고품
Beyond Retro
  beyondretro.com
Fertha
  fertha.com
The Hula
  thehula.com
Vinted
  vinted.co.uk

환경 기준
bluesign
  bluesign.com
Ecocert
  ecocert.com
Fairtrade
  fairtrade.net
Global Organic Textile Standard
  global-standard.org
Global Recycle Standard
  textileexchange.org
Soil Association
  soilassociation.org

착용
옷장 정리
Closet
  closetapp.com
Cloth
  clothapp.com
Marie Kondo
  konmari.com/app
My Dressing
  mydressing.co
Stylebook
  stylebookapp.com
Stylitics
  stylitics.com

DIY
A Pair & A Spare
  apairandasparediy.com
I Spy DIY
  ispydiy.com
P.S. - I Made This
  psimadethis.com
Trash to Couture
  trashtocouture.com

리디자인
Beth Huntington, Refashion Handbook:
  Refit, Redesign, Remake for Every
  Body (Concord, California, 2014).
Henrietta Thompson, Remake It
  Clothes: The Essential Guide to
  Resourceful Fashion (London and
  New York, 2012).
New Dress A Day
  newdressaday.com
Sew Over It
  sewoverit.co.uk

관리
수선
Singer Simple Mending and Repair:
  Essential Machine-side Tips and
  Techniques (London, 2007).
Joan Gordon, Stitch 'n' Fix: Essential
  Mending Know-how for Bachelors
  and Babes (Lewes, East Sussex,
  2009).
Patagonia Repair & Care Guides
  patagonia.com/us/worn-wear-
  repairs
The Good Wardrobe
  thegoodwardrobe.com

세탁
Blanc
  blancclean.com
Clever Care
  clevercare.info
DIY Natural
  diynatural.com
Ecover
  ecoverdirect.com
Method
  methodhome.com
Mr Black
  mr-blacks.com
Seventh Generation
  seventhgeneration.com
The Laundress
  thelaundress.com
The Simply Co.
  thesimplyco.com
Tangent GC
  tangentgc.com

옮긴이 **김지현**

숙명여자대학교 영문학과를 졸업하고, 동 교육대학원 영어교육과에서 석사학위를
받았다. 현재 전문 번역가로 활동하고 있다. 옮긴 책으로《에너지 노예, 그 반란의
시작》《디스럽트》《세상의 도시》《헌터 부인의 죽음》《로마제국 쇠망사》《스웨터》
등이 있다.

드레스 윤리학

첫판 1쇄 펴낸날 2018년 4월 16일

지은이 | 리드레스
옮긴이 | 김지현
펴낸이 | 지평님
본문 조판 | 성인기획 (010)2569-9616
종이 공급 | 화인페이퍼 (02)338-2074
인쇄 | 효성프린원 (031)904-3600
제본 | 서정바인텍 (031)942-6006
후가공 | 이지앤비 (031)932-8755

펴낸곳 | 황소자리 출판사
출판등록 | 2003년 7월 4일 제2003-123호
주소 | 서울시 영등포구 양평로 21길 26 선유도역 1차 IS비즈타워 706호 (150-105)
대표전화 | (02)720-7542   팩시밀리 | (02)723-5467
E-mail | candide1968@hanmail.net

ⓒ 황소자리, 2018

ISBN 979-11-85093-68-0 03190